法鼓道風

聖嚴法師／著

編案：本書部分選文曾收錄於《法鼓山僧伽大學年報》、《僧林悟語》，其他選文則曾發表於《人生》雜誌與《法鼓》雜誌，但皆未集結出版，今依相關主題彙編成書出版。

目錄

1 出家的意義與目的

2

內修外弘，安己安人

3

僧伽大學培育僧才

1

出家的意義與目的

出家的意義

出家，在佛教稱之為大丈夫事，非英雄將相所能為。大丈夫是能屈、能伸、能放、能提，也堪能忍受種種的折磨。出家則不是逃避現實或厭離世間。出家是積極地、勇往直前、義無反顧地為道而奉獻。「道」是什麼呢？是捨己為人的菩薩行為，能夠為成就他人而放下自己。所以，出家是本著學習菩薩大慈大悲的救世精神，放棄自我自私的執著，一肩擔起弘法利生的重責大任。

出家有三層的意義

一、出眷屬家：這一層次任何人都可以做到。譬如：離家出走，終身不婚，不管父母兄弟姊妹而獨善其身，這決不是佛門中出家者應有的態度。

二、出離煩惱：是要遠離自我的貪、瞋、癡、慢、疑、邪見等等的執著，這是出家的基本心態。

三、出離自我中心：既要自利利人，又不以自利利人為自我的工作。換句話說，要度盡一切眾生，卻實無一眾生可度；無一眾生不度而心中了無一眾生是為我所度。這也是《金剛經》上所說的「無相」。是諸佛菩薩無量深廣的胸懷。

出家至少要立足於第二層次，並向第三層次邁進。第三層次才是出家的究竟意義。

放下過去所有一切

出家以後，首先要放下自己過去所擁有的一切榮譽、利益和自我中心，好像重新投胎出生，完全要以佛法的觀點、理念、心態和修行的方式來自利利人。因此，必須從日常生活中修習四大威儀，於行住坐臥、舉手投足間，具備出家人應有的風範。其次，心中要有所心儀，也就是說，內心要有景仰、標準、榜樣、模仿、學習的對象。可以心儀佛、菩薩、古代祖師、有德高僧等。如果心中沒有想要學習模仿的對象，便會師心自用，自以為自己是最好的而自我標榜和膨脹，因為心存傲氣，驕相必然出現，這就不是個真正的出家人了。

贊成出家不鼓勵出家

我聖嚴從來不鼓勵人出家，為什麼？因為出家是個人的事。有許多人是不適合出家的，因此凡是到農禪寺求度出家的人，我多半是會回絕。縱然是留下來也必須經過一年、二年甚至三年的觀察和熏習，再考慮是否適宜出家。如果在一年之中，一切都很好，他自己覺得沒有走錯路，我們也發現他發心是正確的，才正式接受他落髮。因此，我要特別地強調：我是贊成人出家，但不鼓勵人出家。在出家以前是普通的居士，我沒有很大的責任；出家以後是人天的師範，身為師父的人就責任重大。假如沒有將一位弟子教育成為「人天師範」，是辜負他們的父母和他們一生，更是對不起佛教，所以，我們是為社會人間造就弘法利生的人才。現在，我們正推動淨化人間、淨化社會的運動，也在做「提昇人的品質、建設人間淨土」的工作，我們的出家眾也必須朝同一方向努力。否則，多一位出家人，便會使得社會減少一分生產的力量，為佛教增添一分的負擔，這樣我的罪過就大了。因此，他們出家以後，一定要幫他們成為更有用的人才，對國家社會正面的影響更深遠。將他們培植成「人天師範」，我的責任才算完成。我個人無德無學，還須仰仗三寶的加持，以及諸長老的護持。

——一九九二年三月十一日佛出家紀念日北投農禪寺剃度典禮開示，刊於《人生》雜誌一〇四期

出家，一切從新開始

所謂「出家」，出的是什麼家？主要是出煩惱的家。煩惱從何處來？一般說「生死苦海」，出家人也會有生、有死，如果在生死苦海裡感覺是苦，那就稱為苦海；但是出家以後，生死就不是苦海，生死的過程與環境，都是出家人的修行道場和環境。

出家生活以佛法為中心

我們這個世界稱為「三界火宅」，因為煩惱心生起的時候，就感覺身處在人間的地獄之中，逃也逃不掉。但是如果出離了煩惱，沒有煩惱的心，或者練習化解煩惱的心，那是隨時隨地都生活在清涼的淨土、佛國之中，因此法鼓山要提倡「人間淨土」。「人間淨土」的意思並不是要將地球變成佛國，而是在日常生活之中，能夠隨時隨處用佛法化解、消融自己的煩惱心，這樣就是生活在佛國淨土之中了。消除煩惱不一定非得出家，但是出家以後，比較容易化解煩惱。因為出家的生活習慣、環境，以及出家的生活態度和觀念，完全是以佛法為中心，所以出家人是隨時隨地都在修行之中的。

出家要少煩少惱道心強

一般人的煩惱，都是從男女的愛情，父母、兄弟、姊妹的親情，還有自己對名望、地位、財產、權力的執著之中衍生出來的。人為了要在社會生存，所以需要有家庭、有財產。既然是在家人，就要像個真正的在家人，要負起責任來；如果有孩子，就要負起當父母的責任；即使不結婚，或是沒有孩子，也需要有自己的事業與資產，以維持最基本的生活。

然而出家人就不同了，出家人什麼也不要，連自己的身體都是屬於三寶所共有的。出家人沒有自己的財產，沒有愛情的糾纏，沒有地位、名望的占有欲；出家人有的就是為自己化解煩惱、為眾生能夠離苦得樂的悲願；出家人只有想到如何全心全力地使眾生能快樂、能離苦、能幸福。我們不考慮自己的問題，因為既然出了家，就不會為自己的衣食住行而擔憂。出家人只要有道心，能夠少煩少惱，就個人的生活而言，是非常容易解決的。社會上有許多人需要我們的幫助與服務，當我們能幫助、服務他人時，自然而然也會受到幫助和服務。出家人不會為個人去爭取或是想得到什麼，但是得到的往往是最多的。這是因為出家人得到的是一種最高的安慰、成就，而自己則是少煩少惱的。

所以，出家之後，不應再以世俗的想法、用在家人的觀念與方式來看待出家生活，或是來看待這個世界所有的人、事、物，否則，雖然剃了頭、換了衣、住在道場，但是煩惱不會比在家人少。很可能進入僧團以後，在僧團內爭權奪利、爭名奪位，或是嫉妒、懷疑、怨恨等樣樣不缺。這是因為心態、想法都和在家人相同，因此僧團就變成一個造業、受苦的環境了。這樣的話，出家是出不好的，一段時間之後，你會覺得出家好像和在家差不多，就會走回頭路。

出家是一切從新開始

我勉勵諸位，「出家」是一切一切都要從新開始的，並不僅僅頭髮剃了就是出家，就可以出離煩惱，沒有這麼好的事！社會上也有許多人剃光頭髮，我在美國就看到許多女孩、男孩光頭，也有好幾個光頭明星，所以剃了光頭就和出家人一樣嗎？沒有，他們還是在家人。那衣服換了，就是出家人嗎？也不一定！演員穿上和尚衣服，模樣很像和尚，但是他們內心還是普通人。所以出家人為什麼被稱為「上人」？「上人」的意思，不是因為站到他人的頭上，而是出家人的想法、生活態度、觀念和在家人不一樣，並且超越世間一般人的想法，這樣就能離苦得樂，就能將這個世界當成是行菩薩道的道場，是修行解脫道的道場，這樣就是生活在「人間淨土」之中了。因此出家人不是逃避現實，而是對於現實的看法和想法和一般人不一樣。

今天除了勉勵諸位受剃度的出家菩薩之外，我也勉勵居士們可以用一句、兩句佛法幫助自己，這很有用的，許多居士都引用我的開示、法語。為什麼這麼多菩薩願意成為我們法鼓山的信眾？就是因為他們用了法鼓山的一、兩句的法語，覺得可以化解生活之中苦的感受，許多問題也可以迎刃而解，進而體會到佛法的好處。出了家的人，更要時時用佛法化解煩惱。如何化解？就像剛才所說的，一定要把我們的想法、看法，以及生活的態度，做一百八十度的轉變，這樣才是真正「出家」。

對俗家親人付出關心和照顧

出家並不是不要俗家的親人了，沒有這回事，俗家的人怎麼不需要關懷呢？出家人對一切眾生都要度、都要幫助，當俗家的親人有苦、有難、有狀況時，當然是要全力以赴給予協助。我們也歡迎親友們常常到法鼓山來，諸位的孩子、朋友、親人在法鼓山出家，這裡其實就是你們另一個家，所以我們是同一個家庭裡面的人。不是出了家就不管俗家的親人了，對於俗家的人還是要關心，假如俗家親人沒有人照顧了，那我們會照顧；如果俗家親人有人照顧，那我們就不必多此一舉。以上是我跟諸位勉勵的。

——二〇〇五年九月三日北投農禪寺剃度典禮開示，刊於《法鼓山僧伽大學九十三～九十五學年度年報》

出家的第一課

出家與在家的不同

要在僧團安住下來，要有正確的因地，明白出家的目的是什麼。但是很多人出家，只希望能夠成佛、悟道，能夠解脫，能夠不過問世間的事。結果出家後，發現僧團並沒有離開世俗的環境，講的還是普通的話，所做的事，譬如煮飯、出坡、工作、開車、文書等，這些事在家人也在做，而看到環境裡的人也都還沒解脫，很愚癡，沒有什麼智慧、也沒有什麼慈悲，與人相處也都還是用世俗的心。想想，既然出家和在家是一樣的，為什麼還要出家？就覺得悟道大概沒有希望了，解脫好像也沒有希望了，想來想去，就還俗了。

發心的因不正，當然得不到正確的果。他們是希望得到自己想像中的果，因為得不到，結果就離開了。究竟正確的出家觀念和目的是什麼？而什麼是解脫、什麼是出世？什麼又是離欲呢？

我們僧團有一位長老，以前是做會計的工作，出家以後，因為僧團沒有人懂得會計，於是就請他來做。他問我：「師父！我在家時是會計，出家以後還是做會計，出家和在家做的工作一樣，我覺得很奇怪。」我告訴他：「在家時，你是為了拿薪水而替老闆工作，在這裡則是為了自利利人而工作。工作項目雖然相同，但是目標不同，結果也不一樣。你現在是為僧團服務，僧團是成就大眾修行的地方，我們需要吃飯、需要用錢，如果沒有人管理是不行的。在家人工作是為了生活、為了謀生，我們出家人不是為了謀取自己的生活來工作，不是為了一天三餐飯來工作，而是為了弘法利生，自利利人，那就是修行。」後來，他就沒有再抱怨了，這是他的善根，否則會一直鑽在牛角尖裡，出不來。

人身難得如盲龜穿孔

諸位應該都聽過「人身難得今已得，佛法難聞今已聞；此身不向今生度，更向何生度此身」這四句話。我想許多人，不管是出家或在家，應該都能朗朗上口，可是與自己的信心真的相應嗎？

因為是佛說的，所以相信，其實心中還是有懷疑，尤其是「人身難得」四個字。過去地球的人口只有一位數字，慢慢地從一位、兩位到三位數字，而現在已經有六十二億，到了二十二世紀，可能就要突破兩百億。人口明明愈來愈多，怎麼會是人身難得呢？所以很多人心中還是不太相信。

地球從成、住，慢慢已經到壞，最後地球毀滅了，剎那間，人也就跟著地球消失了。增長時慢慢增加，滅亡時立刻就毀滅，那麼人到哪裡去了？有人說是到其他星球上，但至今究竟有多少星球有人存在都還不知道，所以不要認為人身容易得，我們要相信佛經說的。

佛經曾以「盲龜穿孔」來形容人身難得，意思是指一隻瞎眼烏龜，五百年才會從海面抬頭一次，海面正好有一塊木頭，木頭上有個孔，烏龜的頭就正好從這個孔穿出來。木頭是漂動的，烏龜在海裡也是游動的，何況這隻盲龜要五百年才抬一次頭，實在很不容易。而在家人卻說要做七世夫妻、八世夫妻，要永遠做夫妻，這是不可能的事。更何況一次夫妻就已經夠了，還要一直糾纏下去，實在是很痛苦的事。

六道眾生中，最容易得到的其實是三惡道的身體。也許你們認為三惡道眾生的數量不多，實際上多得不得了！以螞蟻來說，雖然我們一眼望去，幾乎看不到牠們的蹤影，但在實際生活中卻隨時隨處可見；廚房、廁所、房間，甚至枕頭上、被單裡都是。蟑螂也一樣比人多，因為人只是居住在有人的地方，而蟑螂是什麼地方都住、什麼地方都去，凡是腐爛、腐朽的東西牠就會去。

甚至餓鬼道的眾生也比人還多，譬如圖書資訊館前的七棵雀榕，在我們來以前，大概就有幾億的眾生寄生在這下面。這麼一點點地方，要住上幾億人是不可能的事，這裡的幾億眾生包含有形和無形；有形的很小很小，小到眼睛看不到，無形的眾生則不占空間，所以世界上任何空間裡都有許多眾生。

佛法難聞，及時修行

因此說「人身難得」，而失去人身要再得到，就必須靠聽聞佛法、依法修行。但「佛法難聞」，你們想：「我們在這裡常常聽到佛法，好像沒什麼了不起！」可是釋迦牟尼佛在因地行菩薩道時，要想聽到佛法，卻沒有那麼容易。

佛陀過去世，為雪山大士時，想要求聞佛法而遍求不到。有一天，突然聽到一個羅剎在唱：「諸行無常，是生滅法。」他聽了很歡喜，便請求羅剎再說下半偈。羅剎說：「我現在肚子很餓，你先給我吃，等我吃飽了，再講給你聽。」雪山大士說：「不行啊！我給你吃了，就聽不到了。不如我先爬到樹上，等你一說完，我就跳下來給你吃。」羅剎答應了，於是接著說：「生滅滅已，寂滅為樂。」這就是很有名的〈雪山偈〉。雪山大士聽完後，果真就往樹下跳，跳進羅剎的嘴裡。雪山大士捨身求法，說的就是佛法難聞！

我們現在已經出了家，每天在道場裡聽的、看的、講的都是佛法，這是多大的福報！但是對某些人來說，就是「法不染心」；雖然天天聽、天天講，就是與自己的心沒有關係。即便「佛法難聞今已聞」，也不覺得稀奇。

可是世界上真能聽聞佛法的人有多少呢？在我們這裡，好像滿多人都在聽佛法，可是全世界信仰人口最多的是基督教，其次是伊斯蘭教，再其次是印度教，最少的則是佛教。全球人口有六十二億，佛教徒只有兩億到三億，只是當中的一個零頭，所以聽聞佛法並沒有想像中這麼容易。我們是很幸運，有善根聽到佛法，所以一定要珍惜，好好修持佛法！

修行的三類法門：人天、聲聞、菩薩

如何修持佛法？修行有人天道、聲聞道、菩薩道三個層次。聲聞道是聽聞佛法修行而解脫生死，主要是出家人修，在家人雖然也修，但不能得解脫，想解脫還是要出家。在家人最多可以證到三果，仍然不離三界，在淨居天繼續修行得解脫。

解脫有慧解脫、俱解脫。慧解脫就是根性特別利，過去世善根種得特別深，過去世已經修成大菩薩、阿羅漢，或者這一生是最後一生，所以一見到佛、一聽到法，馬上就證阿羅漢果。落髮、受戒、修禪定，這些都不需要，立刻就證悟了。就好像六祖惠能大師，聽到一句《金剛經》中的「應無所住而生其心」，就開悟了。那個時候，他還沒落髮。他是開悟以後才落髮、受戒，成為比丘。

俱解脫即定慧俱解脫，通常聲聞道的修行者，也就是小乘人，依持戒、修定、發慧的次第修行，以達成解脫的目的。需要多久的時間呢？證阿羅漢，快的話要三生，慢的話要六十劫；證緣覺，快的話要四生，慢的話要一百劫。為什麼會有時間長短的差別呢？因為往昔無量劫以來，所種善根深淺不同的關係。

人天道是在家人修五戒十善、四禪八定，仍然在三界中。四禪八定如果修成功，是在色界、無色界。他們住於禪定中，好像解脫了，已經不受欲界的苦難，可是不論哪一種定，即使是最高的，入定的時間也是有期限。當定力退失時，不在色界、不在無色界，而是在欲界。而且不一定是在欲界的人間，因為那需要有人天的福報。如果你只修禪定，沒有修人天福報，出定後，會發現自己不在天上、也不在人間，而是直墮地獄，或者在其他眾生裡。這是因為過去累劫業力的關係，因此修人天道是不徹底的。

修五戒十善，是在欲界的人間或天上。欲界天有六個層次，它的時間是有限的，而人間的時間更有限，生命很短，尤其在快樂之中，感覺時間過得很快。在人間，因為有苦有樂，所以曉得要修行。如果在欲界天，一天到晚在享受欲樂，不會想到修行。享受完了以後，就與禪定天差不多，如果還有人天福報的話，有可能生到人間來，如果天上的天福、人間的福報都享盡了，就直墮地獄或到其他眾生道裡。這樣就一失人身，萬劫不復了。

人是道器，修道的工具，可以修聲聞道、人天道，也可以修菩薩道。如果失去了人的身體，修行是很渺茫的。譬如蒼蠅、蟑螂、蚊子，或者牛、羊、豬、狗，牠們要拿什麼來修行？我們現在已經得到人身，已經聽到佛法，已經出了家，就要好好珍惜。在家生活也沒有多少年可過，什麼時候死都不知道，而在家人真的這麼快樂嗎？

發菩提心修菩薩道

修菩薩道可分在家菩薩和出家菩薩，在家人修菩薩道是修人天道，此外還要發菩提心。所以我們會對在家人傳在家菩薩戒，請他們發菩提心。在家人不易解脫，因為他們被世俗的事業、家屬、名利所綑綁，還有種種情感，特別是親情和愛情。

我們辭親出家，就是要把情感的線一刀兩斷，不管是男女或親子，全部都要切斷。情是生死根本，讓人們彼此牽繫，只要有一絲絲牽掛的心，就不能離欲，就出不了三界。因此，在家菩薩不能離欲，只能夠發菩提心，種下善根的因緣，使未來能出家。同樣地，修淨土法門的人要上品往生西方極樂世界，必須出家。出家以後，修三種福業，然後專修念佛持名法門，這樣才能上品上生。不要以為在家人修淨土，也可以生上品，這是「淨土三經」說的。

出家菩薩最重要的是離欲心和梵行。欲，實際上是五欲，也就是塵欲。如果六根對六塵境時能夠不執著、不貪取，不會黏著它不放，這就是離欲。我們同樣也要吃、也要穿、也要睡，可是吃只為除飢渴，不會求精、細、美；穿的是染色衣，只為蔽體保暖，不會嫌好道醜；住只為遮風避雨，不求豪華。在家人則是為了享受，不僅吃的、穿的，還有看的，譬如電視，在家人整天看電視，裡面播放的都是六塵，叫你眼花撩亂、心浮氣躁，這就是被塵所染。我們雖然也身處在六塵之中，其實我們的身體就是六塵之一，所見到的、接觸到的都是六塵，可是我們用六塵來修行、用六塵來學法、用六塵來結眾生緣，但是不被六塵所汙染，這就是離欲。

出家人一定是離欲的，我們沒有薪水、沒有存款、沒有股票、房子、漂亮的衣服，都沒有。我們吃的東西，今天有的吃是今天的，不會故意地貯藏準備明天、後天、大後天，否則就變成貪取爭求，就是欲。

「梵」是梵天的意思。初禪以上就算是梵天，一共分為幾層，一個層次的境界比一個層次高。梵天是深的禪定，是一種意境，因此不像欲界天有物質現象，所以也沒有男女的形相，當然也不會有男女的性行為，完全是離欲的。

「梵行」特別是指男女關係、行為的絕對清淨，我們雖然不能修到四禪八定，但過的就是梵行的生活，就是梵天行。欲界的天人不修梵行，我們出家人是超越了欲界天人所過的生活。

出家人修梵行，是絕對清淨的，如果出了家還有男朋友、女朋友，就不是修梵行。如果心裡在想女人、想男人，雖然身體沒有接觸，未破梵行，但是心不清淨。此時，要趕緊警惕自己：「我是修梵行的人。」

修梵行、修離欲行，接著要發菩提心。菩提心是成佛的心，就是「不為自己求安樂，但願眾生得離苦」。佛沒有想到自己是佛，也沒有想到自己是度眾生的佛，自然而然廣度眾生。所謂「初發心時，便成正覺」，因此只要發大菩提心，就與佛心相應，就與正覺的佛無一無二；雖然程度上有差別，但是本質上完全相同。

捨俗出家，即是解脱

最後，「捨俗出家，即是解脫」。「俗」是俗事、俗情，還有世俗的心態。俗事是金錢、名利、地位、權勢，俗情則是親情、友情、愛情，凡是有了情感糾纏的，就是俗事、俗情。道情是菩提心，是出家人之間的勉勵；它是以慈悲心、菩提心互相地勉勵、互相地協助，所以不算在內。出家，出的即是俗事、還有俗情；捨俗出家，你就不會被一些俗情、俗事所煩惱、所困擾、所束縛，而是自由的。

昨天有一位菩薩，本來約好要到我們精舍，結果臨時打電話說，因為太太生產，所以必須留在醫院照顧，不能過來。這種情形出家人好像也有，譬如因為師父生病了，所以不能來。但是照顧師父和照顧太太生產是不相同的，照顧師父是尊敬師父、奉侍師父，是基於道情；而照顧太太生產，卻是俗情。雖然照顧師父也像照顧自己的親人一樣，但是對於師父病情的或輕或重、或生或死，心裡不會有那麼大的負擔、牽掛和難過。如果是自己的父母親或親人，則常常會擔心，希望他們不要死。

譬如最近我在醫院立下遺囑說，當我病重時，請讓我自然地往生，不要插管、急救，不要用種種讓我更痛苦的方式叫我留下來。對於這個決定，我的出家弟子都覺得很好，也願意幫我蓋章證明，沒有什麼心理上的負擔。一旦真的病危時，也會思考到「這是師父自己決定的，我們要滿師父的願」，而不容易有「師父！你多活一分鐘也好」的念頭。

可是在家人不一樣，往往希望自己的家人死得愈慢愈好，即使多留一分鐘也要急救，無論如何都要把他搶救回來。有一位資深悅眾的哥哥即將往生了，我看他插了好多管子，很痛苦，於是跟他說：「你哥哥已經差不多了，管子還是拔掉吧！」可是他嫂嫂捨不得，我就跟他嫂嫂說：「這些管子是人工加上去的，再拖延下去，只是讓你先生多受一些苦而已，不要為了你們自己的捨不得而讓他痛苦，還是趕快拔掉吧！」她考慮了又考慮，最後才拔掉了。這就是一種俗情、私情、親情。

而俗事呢？有的人有一大筆財產，臨終時，捨不得，也捨不得捐出去或交給其他人。捨不得死又非死不可，財產也不知道要給誰？非常痛苦。可能只有找一個他信得過的人，告訴他：「你的財產我會替你好好處理，為你做功德，如果你到天堂，就讓你到天堂用，如果到極樂世界就到極樂世界用，到來生就到來生用。」這樣也許他就放心了。

我認識一位老和尚，他一生省吃儉用，省下幾兩金子。他在床鋪底下挖了一個兩、三尺深的洞，就把金子埋在裡面。他臨終時，就是不肯斷氣，我問他：「你還有什麼牽掛的嗎？」他的手就不斷地往床鋪下方指，我問他：「你是有什麼黃金、美鈔埋在床底下嗎？我會替你處理，替你做功德，你放心吧！」他聽了以後，最後一口氣就斷了。這就是放不下，就叫作俗事。

我們出家人生前不要儲蓄財產，不要有情感的糾纏，不要有事業的糾葛，這時就是解脫，當下就得解脫。不一定要修到慧解脫、俱解脫，當下你的心就是解脫的！

出家很難，很不容易，既然出了家，就要認定自己，要好好地住在解脫道、菩薩道的生活之中。阿彌陀佛！

——二〇〇七年九月二十九日講於法鼓山園區「早齋開示」，刊於《法鼓山僧伽大學九十六～九十七學年度年報》

出家的目的

一般在家人都會做生涯規畫，或是結婚，或是從商、從政、從事什麼行業；那麼出家人的生涯規畫是什麼？其實出家本來就是你們的生涯規畫，既然出家了，就是做一個出家人，並不需要再做什麼個人規畫，否則會有麻煩。

初發心比較容易，但要有恆常心，也就是堅定的意志則比較困難。在家人做生涯規畫，可是有些人走一半就改道了。出家至少一生一世不會變更，所以比丘戒、比丘尼戒、沙彌、沙彌尼戒都是終身受持。而學佛是多生多劫，最快也要三大阿僧祇劫：第一阿僧祇劫是到初地，第二阿僧祇劫是第七地，八地以上則是第三阿僧祇劫，十地修完了，還需要一百劫修「相好莊嚴」，此即所謂的「三劫修福慧，百劫修莊嚴」。

一個阿僧祇有多少呢？阿僧祇是無數的意思。其實它有數目，只是以我們人間的數字沒有辦法計算，所以給它一個名稱叫作「阿僧祇劫」。我們一生在這三大阿僧祇劫之中，也只是一個很短的階段。

出家目的在修福修慧

修行的黃金時段是二十多歲到四十多歲之間，在這個階段，我們要將修福、修慧的基礎打好，否則過了四十歲，就會開始對自己失望，慢慢產生錯誤的想法。過去在中國大陸的出家人，多半是童年出家，也就是在二十歲之前，而你們大部分是三十歲以後才出家，是所謂的「半路出家」，已經算晚了，因此對出家的目的要有更清楚地理解。

我們的生涯規畫就是做出家人，但要做一個怎樣的出家人呢？很多人好高騖遠，譬如有的人在沒有出家以前，看到出家人威儀堂堂、法相莊嚴，心中羡慕，便希望自己也能做一個這樣的出家人，一旦學不起來，便失去了自信心。

有的人很在乎自己的身材和面貌，其實法相莊嚴與這些沒有什麼關係，只要有慈悲心，心裡少一些煩惱，自然而然是威儀堂堂、法相莊嚴。反過來說，如果沒有慈悲心，經常在煩惱裡打滾，不是與這個人作怨、就是和那個人作對，放不下他人、也放不下自己，面貌就會愈來愈醜，威儀也會愈來愈差。與人作對、作怨，就是不威儀；如果有煩惱，面孔就會和馬或牛一樣，一點也不像人，更不像佛菩薩，相當難看。因此，人的面孔是會隨內心改變的。

有一次，一位很漂亮的女明星到農禪寺來，不巧她的男朋友也帶了另一個女孩子過來。她一看，氣得要命，又哭又鬧，一把鼻涕一把眼淚的，說多醜就有多醜。她的美並不是假的，只是被她的嫉妒、瞋恨給破壞了。平常因為沒有嫉妒、沒有瞋恨，所以演哭戲時也總是很美，但現在是真正在哭、在鬧，所以很難看！

出家人也不要有太多的妄想。有些人出家以後，希望以後能當住持，能成為知名的高僧，但寺裡住持只有一個，高僧也不是人人能當，而我們出家人不求名、不求利、不求權、不求位，既然還有所求，又何必出家呢？

那麼出家的目的究竟是什麼？是為了吃好的嗎？在社會上，要吃好的有更好吃的。是為了落髮嗎？我們有些同學就是如此，一進來就訂好目標，一年後一定要落髮，第二年一定要做什麼、第三年一定要怎樣。我們不是這樣，而是依序從一年級到四年級，然後畢業，接著進入僧團隨眾修行，即依眾靠眾，然後隨眾作息，隨眾修持戒、定、慧，隨眾修福、修慧。

也有人認為出家能解脫，於是一出家就希望解脫、就希望證阿羅漢果。在佛世，證阿羅漢果的人確實很多，譬如佛經以「千二百五十人俱，皆是大阿羅漢」來說明佛陀的僧團；還有五百比丘尼，也都是大阿羅漢。但是佛之後，就不容易證了，因為他們都是累生累劫跟著釋迦牟尼佛修行的人，當釋迦牟尼佛從兜率內院下降人間時，部分就會先下來為佛營造一個環境，做準備的工作；另外有一些則與佛同時，或比佛稍微晚一點下來，以護持佛陀修行與弘化的工作。這些內容都可以從本生故事、從佛經裡看到。

我們要慚愧，我們生在末法時代，能夠聽到佛法已經不容易，所謂「佛法難聞，人身難得」，何況我們已出家了，更要把握而精進修行。

出家能得三種解脫

解脫是什麼？是從煩惱得解脫，出家人沒有在家人的世俗負擔，所以出家以後煩惱就少了。出家修行至少有三大好處：第一，沒有家屬之累。家屬是指配偶、兒女，佛經形容這是鎖鍊、枷鎖。

第二，沒有財產之累。財產就好比毒蛇一樣，身為在家人，至少要為自己的生活奔走，頭腦裡要不斷思考收入的問題，擔心入不敷出時該怎麼辦，十分麻煩。譬如開計程車，如果一天開下來，找不到半個客人，不僅吃有問題，連汽油及車子本身的消耗都沒辦法抵銷，心裡就會愈來愈著急：怎麼這個人也不上車？那個人也不上車？

出家人雖然也需要生活，也有房子需要維修，也有團體與事業需要經營，可是這些是屬於公家的、三寶的，而不是我們個人的。經營的情況好，就多做一些，情況差，就少做一些，不會與人比較，也不會說我們這個團體一定要變成怎樣。因此不會受財產困擾，心理上也不會有負擔。

第三，沒有事業的負累。在家人一定有事業，只要企求占有一席之地，就要與人競爭。有一位職業作家，是靠寫文章、賣書生活，其實他已經滿受歡迎了，但是因為現在出版業蕭條，很不容易維持，一本新書出版以後，一刷二千冊要賣完很不容易，因為在書局中，若沒有人買，銷路不好，兩個星期馬上被淘汰，在書店裡就下架，看不到書了，然後又要在兩星期內趕出另一本書來。因此，這位作家要不斷地寫、不斷地寫，寫的時候又要擔心銷售量的問題，老是生活在緊張的狀況下。目前各行各業都是如此，不斷挖空心思競爭，希望自己有生存的空間。

出家人不需要競爭，只要盡心盡力做「自利利人」的修行工作。自利、利人都是修慈悲和智慧，我們有多少潛力就把它發揮出來，發揮不出來的，就做一個老實的出家人、老實地修行，就如印光大師講的「老實念佛」。

老實修行對社會大眾有用嗎？我們勸人念佛，不如自己念佛，別人看你一整天都在念佛修行，也會跟著念佛修行。所以再笨、再無能，就算是一個只知道吃粥、吃飯的粥飯僧，只要還會念佛，就能利益他人。所以一個出家人，只要道業不荒廢，什麼問題都解決了。

因此，只要不荒唐，出家至少可以得到這三種解脫，但是只要你一執著，馬上就在名利、權位、勢力諸多煩惱之中打滾，成為一個「勢利和尚」、「名利和尚」。我們就是要從勢力、名利、權位中解脫，而做一個老實的出家人；能吃飯時吃飯，吃粥時吃粥，隨眾作息，就是一個很好的出家人。

不妄為師，老實修行

有很多人自命不凡、好高騖遠，出家以後，希望成為虛雲老和尚第二、太虛大師第二、印光大師第二或弘一大師第二，但清末民初以來，還沒有人超過這四位大師。「大師」不是自己認為的，並不是他們出家時說「我是大師」就成為大師，而是歷史所公認。即使印光大師也是到晚年才出名，在《印光大師嘉言錄》及《印光大師文鈔》還沒出版之前，還沒有人知道他，直到這幾本書出版以後，因為書裡的內容很感動人，所以才被視為大師，但是書出版後不久，他就往生了。

太虛大師雖然一開始就被視為大師，是因為他幾位學生稱呼的關係。他十六歲出家，十六歲時就展現豐富的文采，而十七、八歲就有了悟境，只可惜五十九歲就往生了。而虛雲老和尚則是到五十多歲時，才逐漸有人知道他，他出家時也只有十九歲。所以他們都不是一出家，就很狂妄地說自己要成為高僧、要成為知名的出家人，或者一個主導佛教、領導群眾的出家人。

還有印順長老，他有一本自傳《平凡的一生》，他寫了那麼多本書，思想、佛學的造詣，在中國佛教史上很少有人能超過他，但他還是自認很平凡，不覺得自己是高僧，也不覺得與其他出家人有什麼不同或特別之處，就是做一個平凡的出家人。他解脫了嗎？他從沒說自己得解脫了，事實上，所有中國的高僧、禪師，就是大悟徹底的禪師，也不會說自己已經解脫、說自己是佛，只是說見到佛性、親證佛性，親見如來的本來面目，但是他的佛性與佛完全相同。

明心見性並非不可能，但是想變成一代祖師的夢不要做，否則，第一會起煩惱，第二會產生鬥爭，而與他人比較、計較。因為為了要做祖師，就會想辦法把其他人擠下來，離修行愈來愈遠，十分危險。

放下執著就是解脫

凡是跟名利權位相關的東西，我們一律要擺下，擺下即解脫，不要把它想像得很神祕，好像是有樣東西可以得到。

《金剛經》裡，佛不是問須菩提，自己是否有得到須陀洹、斯陀含、阿那含、阿羅漢果，還有阿耨多羅三藐三菩提嗎？實際上沒有，否則就是有我相、人相、眾生相、壽者相了。

學佛就是去執著，對眼前的人、事、物有執著，就會有煩惱；而未來是虛無飄渺、根本不存在一個夢境，如果追求它，也會有煩惱；所以，最好是活在當下，把握當下。活在當下，就是吃飯時吃飯，睡覺時睡覺，出坡時出坡。僧團作息表是怎麼樣，我們就跟著怎麼做，這就是修行！

不要空想，否則煩惱會很重，出家沒幾天，就會開始想：「我的前途是什麼？我的未來是什麼？」出家已經萬事放下，還要問未來嗎？既然放不下世間的事、世間的物，那又何必出家呢？同學之間也不要互相計較，計較誰做得多、誰做得少，或是誰做得好、誰做得不好。放不下這種計較心，就會產生煩惱，而這煩惱並不是別人給的，是你自找煩惱。看起來好像是別人給你煩惱，找你麻煩，讓你看不順眼，但其實是你自己的心在動。

所以要提醒自己放下一切，因為我們是來修行的。如果放不下，馬上問自己：已經出了家，已經落了髮，已經放下萬緣了，為什麼還放不下呢？萬緣放下，一身輕鬆，放下的當時就是解脫，解脫不是另外一樣什麼虛無飄渺的東西。

——二〇〇七年九月十八日講於僧伽大學「創辦人時間」，刊於《法鼓山僧伽大學九十六～九十七學年度年報》

體悟生命真正的意義，回到真正的家

——出家，是件歡喜的事

一般人總覺得出了家以後，只有一個人，孤苦伶仃。過去的江湖相命師都會說：「如果命中不犯孤苦，是出不成家的！」也就是說，因為孤獨、個性孤僻、運氣不好、走投無路，只好出家。甚至在小說裡，犯了罪、做了壞事，或者沒做什麼壞事，可是被連累了，沒有辦法時，就去出家，像《水滸傳》裡的魯智深。實際上，出家人才不孤苦伶仃。出家人也有家庭，一個是如來之家，以如來的法義為家，另一個是以僧團為家。出家人依止三寶、僧團，怎麼會孤苦伶仃？

「出家」就是隨佛出家，如果依僧團而住，稱作「常住」。「常住」是道場總稱，代表三寶的意思。僧是十方的，有來有去、有生有死，不是永久的，三寶則是常住的，道場只要有三寶，有人在修行，就叫「常住」。出家人以如來為家，即以「常住」為家。在這裡出了家後，僧團就是我們所依靠的。僧團的人會有死亡，但是不斷會有新的人進來，只要出家人弘法利生，想到的是一切眾生、諸佛、諸菩薩，想到歷劫怨親，應該超度、迴向，我們僧團就一定會延續下去，所以出家人的家比在家人的家更可靠。

依止三寶修學佛法，其實就已經有了依靠，一定不是孤苦伶仃的人。一般人認為出家人都是苦命、孤苦，其實來出家的，絕不是無依無靠。能出家是有大福報的人，所以出家是要發大悲願，要做眾生依怙的。諸佛、諸大菩薩為眾生的依怙，所以有無量眷屬圍繞，此外，凡是有成就的大師，同樣都有許多佛法眷屬。

既然出家最可靠、最有安全保障，有什麼好擔心？在家人沒有安全感，就會去買保險，其實，保險的意思是要保障損失少一些，並不是說保了險就沒有危險。法鼓山是示範人間淨土的道場，因此，我們應該隨時覺得自信滿滿，安全感十足。什麼是「安全感」？就是要發生的事，自然會發生，如果能夠預防、預知，那我們應該預防，不必害怕。

我們要經常練習〈四眾佛子共勉語〉裡的兩句話「時時心有法喜，念念不離禪悅」，歡歡喜喜過生活。出家人有安全感，是最健康的人。所謂「忙人時間最多，勤勞健康最好」，為眾生謀益，那樣的勤勞是最健康的。出家人不為自己謀利，只考慮能讓眾生得到多少利益，這些，都使出家人隨時隨地開朗、光明、快樂，而且有道心、菩提心、奉獻心，所以說，出家人是最歡喜的。

——刊於《法鼓》雜誌一六三期

擔起如來家業

本年度在農禪寺求度出家的諸位新戒菩薩，都是以清淨心發願出家。出家是以釋迦牟尼佛為本師，是隨佛出家；和尚及教授阿闍黎等，乃是代佛接受諸位出家，證明並教導諸位隨佛出家。諸位出家後，是進如來的家，出離世俗的家。所謂出家，一般人認為不結婚住進寺院，剃光頭穿著僧服就是出家，這是非常粗淺的一種認識，真正的出家是出離三界的家，而且要擔起如來弘法利生的家業。出家並不是消極、逃避，而是把自己奉獻給一切眾生，一邊努力精進於道業的修行，同時要負起利益眾生的任務。

出家並不等於丟下一切的責任和義務，而是要擔起更偉大、更重要的責任。所以先要放得下才能提得起，先放下世俗間的物質或五欲的享受，然後提起對佛法的責任和救濟眾生的工作，也就是上求佛法下化眾生，這才是真正出家的目的。

在家做居士時已是一位非常精進的人，則出家以後會更精進；如果在家時是個懈怠懶散的人，出家之後便不許懈怠。在家時的責任，是對家庭、社會、國家，最大也莫過於對世界人類盡責；出家之後，則對親人父母，乃至今生來世盡未來際，要對無量世界的一切眾生盡責。

出家人要放棄世俗人的權益，負擔起救濟所有一切人乃至一切眾生的責任。他人的苦難，乃至一切眾生的苦難就是我們的苦難，一切眾生的幸福就是我們自己的幸福。所以出家絕對不是逃避責任和義務。

諸位發清淨心來出家，出家之後，願諸位常常提醒自己：出家並非為了自己求安逸、求享受，乃是要擔起更大的責任，承受更大的磨鍊。有煩惱時不應向他人傾訴，因為落髮出家之後，就是人天師範，應當擔負眾生的煩惱，不要讓他人來分擔自己的煩惱。心裡有什麼困難委屈，要向內自己消解，並且要盡己所能，幫助他人解決困難。此正所謂出家乃大丈夫事的主要原因，真正的大丈夫即是頂天立地的人，不須依附他人，而要為眾生做依怙，這不是唱高調、喊口號，而是在發起初心出家時必須理解的事。

可知，出家實在不是一樁容易的事，一旦發心出家，就得培養成具有大勇氣、大智慧、大毅力的人，才能擔當起出家人的責任。諸位發心出家，是經過一再的磨鍊、考驗和審察的，所以是極其莊嚴、隆重、神聖的事。今後更要以吃苦耐勞、任勞任怨的頭陀行者自勵，也要以戒、定、慧三學並重的人天師範自勉。出家人不得追求自我成就，能夠成就眾生，自己的成就也在其中；出家人不應追求自我價值，但能一心向道，為法忘軀，那便是自我價值的呈現；出家人不可追求自我表現，只要佛法興隆、眾生獲益，自我的生命便活躍於法運之間。

倘若一心以利他為目的，便能離苦得樂。只要一念自利，煩惱立即生起，唯有以利他心來處理自己的問題，才能夠真正解決問題。如果發現你自己受了委屈，遭到打擊，遇見正負兩極的困惱，那是表示魔王在和你搗蛋了，要好好地勤拜佛、勤念佛、勤懺悔，向內用工夫，煩惱自然消。

——一九八八年九月十日地藏聖誕日北投農禪寺剃度典禮開示，刊於《人生》雜誌六十五期

自利利他的出家人

今天是民國八十二年度（西元一九九三年）農曆二月八日，是本師釋迦牟尼佛出家成道紀念日。

近年來有許多人求度出家，但是對農禪寺而言，出家並不是風潮亦非時髦。我們對任何人前來求度出家，必然先問其目的和動機。動機是由於什麼原因，目的是出家以後準備要做什麼？如果動機不是菩提心，目的不是多奉獻，便是對出家的意義不了解，我們不會接受。我們對於前來求度者，有許多的限制。對任何一位前來求度者，我第一句話，都勸他們最好不要來，今天中華民國的佛教，不缺出家人，而是缺少弘揚正法主持佛教的僧寶人才。如果是因為事業失敗、家庭破裂或愛情受到挫折，便來請求剃度，我們是不接受的。那對他們個人是悲慘的下場，對佛教是增加負擔，對社會是人力資源的損失。

因此凡是來農禪寺求度出家者，不但須經過一番詢問，尚須一年乃至三、五年的觀察，以確定能否適應出家的生活。在觀察期間，如果發覺自己出家僅是一時的衝動，出家生活亦不是想像中那麼地浪漫自由，內心一定後悔、掙扎，產生種種煩惱痛苦，那仍可以還俗。

出家是擔起如來家業

可是在中國社會，對一位已圓頂出家的人而言，還俗是件非常痛苦的事，俗家親友會覺得很沒有面子，自己也會有一種難言之苦，何以不能繼續出家？這就是為什麼我們必須要用這麼長的時間來觀察的原因。

現在要為你們落髮之前，重新再問一次，你們已在農禪寺至少住了一年以上，目前還有最後一次機會，可請仔細考慮，自己真的從此以後將全部的身心奉獻三寶和眾生嗎？真的願意用出家修道來報答父母恩、三寶恩、眾生恩和國家恩嗎？真有此種決心嗎？若無，現在還可以說：「讓我再考慮一下。」否則一步跨出以後，真正人生的開始是過出家人的生活。

出家是一肩放棄綿延種族的眷屬家業，一肩擔起大悲弘願的如來家業。如來的家業是依三千大千世界為家，以一切眾生為法眷屬，觀一切眾生為自己所關懷和照顧的對象。在未出家前僅僅是照顧家人和所服務崗位有關的少數人，出家之後是為一切眾生平等的關懷和奉獻。「出家無家處處家」，出家後無牽無累，可是每一眾生的苦難都是我們的責任。不可誤認為出家以後是不負責任的浪漫，放浪形骸的逍遙，沒有規範的自在。其實出家人是不允許懈怠的。所以古有遺訓「出家是大丈夫事」。

對父母、師長、親屬，又如何來報恩？此須在出家之後，做一位堂堂正正的出家人，「上求佛道，下化眾生」，不可放逸，不惹煩惱。自己的問題要用智慧來向自心消融之外，也得學習以慈悲心協助化解其他眾生離苦得樂。這才是上求佛道以自度，下化眾生以利人，淨化人心，淨化社會，將此世界建設成為人間淨土。

我們法鼓山的理念「提昇人的品質，建設人間淨土」，品質須從自己提昇，並非專教他人提昇，自己提昇之後，才有力量影響他人。如果出家後，自己的言行不能為人表率，則高唱「提昇人的品質」是不切實際的。當然諸位也不須有心理上的壓力，凡夫是要一步步地往前走的，我們要從七倒八起中，不斷地反省懺悔，以慚愧心來檢討自己，以懺悔心來改善自己，一步步地往前努力。

慈悲和智慧的願力

出家非一般人所能為，出家須具備意志、決心，是為增長智慧培養慈悲，才能平順。否則出家後，會讓師父、師兄弟，俗家父母親屬，師長友朋擔憂。如果你們出家以後時常哭哭啼啼、煩煩惱惱、怨怨哀哀，則師父多一個徒弟就要多許多白髮，短幾年壽命，出家弟子當學著為師父分勞分憂，做師父的化身，幫助師父化度眾生。如果你們在此，時常煩惱不安，也會使得道場中人困擾，使你們的父母不能安心。反之，因為你們求度出家了，增加師父弘化的力量和範圍，增加了我們法鼓山農禪寺的力量——智慧和慈悲的力量，使得我們常住更光輝光明，更有力的前途；對臺灣乃至全世界也都因你們的出家而增加光明和遠景，這才是你們諸位剃度的目標和前程。

我在此祝福諸位，和為你們諸位的父母、祖父母、親戚朋友祈福，因為你的出家而為他們帶來光榮，因為你們的出家之後，「一子出家，九族超昇」，有此種事嗎？有，如果出家之後，你們修行得力，為社會帶來溫暖幸福，當然父母家眷都因為你而得有無量功德。比如我聖嚴，當我回中國大陸時，我俗家的人，也都沾了一分光，他們因為「聖嚴法師」在國內外都能為社會國家貢獻一分力量，所以他們也覺得非常歡喜，鄉人也覺得十分地高興。但願諸位能「青出於藍而勝於藍」，願人人都能比我更好。我從小失學無智慧，而你們至少都是受過中上教育的人，應該會比我更有成就，在此，我要祝福你們，恭喜你們，阿彌陀佛。

——一九九三年二月二十八日北投農禪寺春季剃度典禮開示，果愍整理，刊於《人生》雜誌一一六期

盡形壽受持出家戒

出家的目的是為了出離三界生死輪迴之苦、出離貪瞋癡等煩惱娑婆之苦，而受戒即是用來完成離苦的願望和目的。從佛陀開始，出家就是以戒為師，出家的身分就是以納戒體為標準。

出家人以離欲的梵行為根本。欲是生死根本，不離欲就在生死之中輪迴。如何離欲？那就要修梵行。梵行是對治欲念、欲望、情欲最好的法門，受持出家戒，目的即是步上離欲的路。一下子要完全離欲是不可能的，但是戒能使我們漸漸離欲，離欲就能離苦，離苦就能解脫生死，所以出家就是出生死的牢獄之苦。

出家要具備二種心，一是菩提心，一是出離心。出離心是出離生死的障礙，菩提心就是希望幫助一切眾生離苦得樂，這也是大乘佛法的精神。漢傳佛教出家一開始就要受沙彌十戒，也就是受出家聲聞戒，可是還要發菩提心、菩薩願。

受了出家戒之後，應以絕對的清淨心受持淨戒。佛比喻戒體如同出離三界生死苦海的浮囊，不能有任何一個漏氣的小洞，因為只要漏洞，整個浮囊就會漏氣而失去功能。萬一不小心漏了氣，要馬上補起來。所以說「不能疏忽」，「不能有一絲一毫的漏氣」，就是要受持清淨戒體，這一點我們應該謹記在心。

——二〇〇四年二月五日講於法鼓山園區「生命自覺營正授典禮」，刊於《法鼓》雜誌一七一期

法鼓山的精神

這一堂課是為僧伽大學同學「精神講話」，要向同學說明的是「法鼓山的精神」。法鼓山的精神，是有傳承、有傳統的。這個傳統，簡單地說，是漢傳佛教、禪佛教；漢傳佛教的特色是人間化，人間化則與儒家思想有關。

「人間化」是佛陀的根本精神

許多宗教是傾向於鬼神、天神的信仰，佛教則傾向於離開人間，乃至是要出三界、出生死的，出三界就是不要在人間，這是就目標而言；若是就佛法的修行過程而言，是不離三界、不離人間的。所以太虛大師曾說，中國的佛教，不應忽視屬於人間佛教的層面；然而一般的佛教徒，卻往往偏於鬼神信仰的層面，如此一來就和民間信仰結合了。印順法師也認為，如果佛教流於跟鬼神打交道，就變成世俗化，這就不是佛法。冀求生天、跟鬼神打交道是逃避現實，為求生天國而依賴天神，這都不是真正的大乘佛法。

釋迦牟尼佛是在人間成佛，成佛之後在人間說法布教。雖然在大乘經典裡經常可見許多大菩薩、天神、羅漢來聽佛陀說法，那是佛法理想化了。譬如《華嚴經》的第一品〈世主妙嚴品〉，參與華嚴勝會的就有許許多多的天神，而這些天神是菩薩的化身；又如〈入法界品〉的善財童子，參了五十三位大善知識，而這些大善知識也都是菩薩。這些天神、菩薩的心胸、境界，在人間是少有的，和人間是有距離的。像我們這些人要到華嚴會上、法華會上，去得了嗎？生於人間的我們，只能期待這些華嚴會上、法華會上的佛菩薩們，化現人間接引我們、教化我們。所以我們念藥王菩薩、藥上菩薩、觀音菩薩、文殊菩薩、普賢菩薩等菩薩名號，是希望這些大菩薩們來到人間教化眾生。

中國佛教的四大名山，普陀山（觀音菩薩）、五台山（文殊菩薩）、九華山（地藏菩薩）、峨嵋山（普賢菩薩），即是以諸大菩薩的道場而聞名。在漢傳佛教歷史上，這些大菩薩是信仰的重要中心。真有感應時，看到的很可能是人的形貌；如果菩薩化現和人不同樣貌，人和他們是有距離的。所以，大乘的佛法是落實在人間的。《六祖壇經》有一句話：「佛法在世間，不離世間覺。」佛法是在世間的，而在世間的凡夫群眾能自覺、覺他，就是菩薩。總而言之，「人間化」是中國大乘佛教的精神，這種精神實際上也是釋迦牟尼佛的根本精神。

信心堅定、威德高強的光彩

請問諸位，釋迦牟尼佛在印度出生的時候，長得什麼樣子？他是人的樣子。有另外一種說法：佛陀的身高有一丈六尺高（普通的人約只有八尺高），佛陀的身體是紫金色的。這樣的說法，有可能是將佛陀神化了！他的身高有可能比普通人高大一些，他的身體有可能會散發出紫金色的光彩，但是，身高是否高達丈六？膚色是否為紫金色呢？這樣的說法，極有可能是從信仰的角度描寫，而將佛陀神化了，釋迦牟尼佛實際上是一位人間的比丘僧。

我舉一個親身經歷。我的師公智光老和尚，他的身高比我矮得多，但是我每次見到他，都覺得他比我高，這很奇怪，但我的感覺就是這個樣子；而且，我也覺得他有一種智慧的、慈悲的光，並不是塗上一層油那種反光的光，而是看起來有一種無形的光彩。

漫畫家蔡志忠畫大人物時，總是將大人物畫得很大，小人物則畫得很小，小人物跟大人物相較，兩者的身材相差很多，大小立見。我曾經問他：「蔡先生，同樣是人，你把小人物畫得這麼小，把大人物畫得這麼大，是基於什麼理由呢？」他說：「從大人物的眼中看小人物，就是小的，氣勢就是這樣子；小大物看大人物就是仰望，甚至連頭都不敢抬，就是覺得自己很渺小。小人物的信心和威德不足，所以感覺得自己很小；大人物的信心堅定、威德高強，因此覺得高大。」這是蔡志忠先生的解釋，不知道諸位有什麼想法。

另外，我還有一個經驗。抗日名將孫立人將軍擔任陸軍總司令時，我在軍中當上等兵。印象中，孫將軍穿著馬靴，不僅有好多侍衛前呼後擁，還有許多長官隨行；那時見到孫將軍，我感覺他好威武、好高大啊，而我們這些小兵好小、好小。孫將軍去職之後，曾到中華佛教文化館來看我的師父東初老人，那時再見到孫將軍，他並不比我高，也不比我大。這就是說，我們會認為佛陀很高大，有可能是大雄、大力、大慈悲，其實他的身高與一般人無太大差異，身體跟我們一樣是凡夫身，但因為他的智慧、慈悲、威德力，讓人仰之彌高、瞻若有光。

莊嚴娑婆世界即是莊嚴佛國淨土

佛教人間化，太虛大師倡導「人成佛即成」的佛教，意思是：當我們做人做得成功了，我們就是和佛相應。「人成佛即成」所說的佛，並不是指究竟圓滿的佛，而是指成就了佛的功德。換言之，首先就是要把「人」做好，所以太虛大師主張「建設人間淨土」。

法鼓山的理念有一句「建設人間淨土」，這句話最早提出的是太虛大師；還有一句「提昇人的品質」，意涵就是「人成佛即成」。「人成佛即成」且又提倡「建設人間淨土」，這兩句話彰顯了漢傳佛教的特色，也就是大乘佛教的精神所在。大乘佛教的目的，在於莊嚴清淨這個世界，讓這個世界成為佛國淨土。請問諸位，一切諸佛都有其佛土，例如阿彌陀佛的佛土在西方極樂世界，藥師琉璃光佛的佛土在東方琉璃世界。那麼，釋迦牟尼佛的佛土在哪裡？對了！就是在娑婆世界，就在我們這個世界。如果我們只想到西方淨土或東方淨土去，而不將這個世界建設成為淨土，是不是有些對不起釋迦牟尼佛？我們這個世界就是釋迦牟尼的佛土。

再請問諸位，當來下生彌勒尊佛會下生到哪裡？是的，就是我們想要趕快逃走的這個世界。當彌勒佛下生的時候，我們可能已經跑掉了。我的意思並不是念阿彌陀佛、念藥師佛不對、不好，這是一個方便；然而，我們不應該忽略了釋迦牟尼佛、彌勒佛的佛土就在這個娑婆世界，他們都是發願要莊嚴娑婆世界成為佛國淨土，這就是大乘佛教的精神！就是漢傳佛教的精神！

勉勵所有的眾生都能發願成佛，這是太虛大師的思想。而太虛大師的思想也就是法鼓山的理念，法鼓山「提昇人的品質，建設人間淨土」的理念，與太虛大師主張的「人成佛即成、建設人間淨土」的思想相同。太虛大師的傳承是寄禪八指頭陀，是禪宗的系統，因此，太虛大師是禪師。

佛教的現代發展要提供社會服務

接著我要向諸位介紹，現在的乃至未來的佛教，在臺灣、在亞洲地區的每個國家、乃至在中國大陸，佛教的發展與弘傳都要適應環境，才能生存下去。諸位知道，緬甸、柬埔寨等佛教國家，原本比丘們可以依托缽得到供養。但在國家實行社會主義之後，一般人民的生活有問題，使得出家人的托缽乃至受供養跟著發生困難。這些地區的比丘們，目前當然也有依托缽乞食為生的，可是接受的供養有可能不足，因此他們必須思考如何踏入社會，而政府也鼓勵他們從事社會服務。例如斯里蘭卡、泰國的出家人，都思考著如何為社會服務。

現在中國大陸的出家人，如果在這個廟裡待不下、到那個廟裡也待不下，到處流浪，是難以生活的。我曾在嵩山少林寺見到有一位出家人去掛單，道場的知客師說：「只留你一餐，吃過飯以後要離開！」所以現在並不像過去，拿了個戒牒就表示受了戒，是正式的和尚，可以通行無阻地到各叢林掛單。現在沒這回事，戒牒只能證明是出家人，供你一宿二餐後就要離去，因為在道場常住裡，你沒有身分。提及這些情形，是為了向諸位說明目前現實社會的情況，佛教的生存與發展要適應環境的變化。

我在西方曾參訪南傳佛教的道場，人數少、寺廟小，與大社會的接觸不足，因此難以推展，過得非常艱苦，有些甚至為了生活而不得不脫下僧服，進入社會謀職。許多在西藏、緬甸、泰國出家的西方人，一回到西方社會，經常無法維持出家的生活與身分，為什麼？就西方的觀念，沒有吃白食的，你說：「我是和尚，要受供的，你們應該要供養。」人們可能會回答：「你為什麼不去工作？」乞食是印度的風俗，其他地區不一定行得通。所以，在今天的社會乃至未來的社會，出家人必須要為社會提供服務，對社會無法提供服務的人，很難在社會生存。那麼，提供什麼樣的服務？就是將我們所學到的佛法，自己用，然後也分享給其他的人用，這就是服務。

學習僧團執事是學習服務的開始

在西方，我見到許多西藏喇嘛非常努力去適應現代的社會。一個喇嘛如果是個活佛，可以受到供養；可是到了西方國家，如果不在學校教書或者不指導修行、佛法的話，就不容易生存下來。也就是說，要讓自己具備成為一位老師、法師、禪師等的條件，能為人服務，才容易生存。例如像我或者是果元法師，在美國生活應該沒有問題。為什麼？因為可以指導修行或佛法。如果不會指導修行、不會講佛法，只要能為人服務，譬如擔任知客、典座、行堂，也是另一種服務方式。

一個出家人如果對僧團的執事一項也不通，就沒有辦法為社會服務。對外服務的時候，除了照顧我們的環境外，可以先學習擔任知客工作。擔任知客有三項基本要點，如果能掌握，大抵就不會有失職之處：第一，見人要謙虛、要微笑；第二，請對方坐，倒杯水給他；第三，將法鼓山介紹給對方，如果對方問起安心、調心的方法，就指導他如何調心、安心。這三點拿捏好，知客工作大抵就合格了。希望我們僧團的住眾，先學習生活中的每一項執事，先為僧團服務；如果能為僧團服務，就能夠為社會服務了。

——二〇〇四年十月八日講於僧伽大學「創辦人時間」，刊於《法鼓山僧伽大學九十三～九十五學年度年報》

出家是二十一世紀最時髦的行業

大約在五十年前，也就是一九四九年，民國三十八年時，我剛到臺灣的時候，出家人的環境很不理想，寺院都很缺乏出家人，因此不管身心是否健康、耳目四肢是否健全，只要有人願意出家，歡迎都唯恐不及，絕不會拒絕，所以出家人的水準多數相當低落。而一般社會大眾對出家人的印象，也多停留在知識水平低落，甚至是沒有用而被社會淘汰的一群，普遍被瞧不起。

自許為人天師範的宗教師

但是這五十年來，出家人自身的條件，以及整體社會對出家人的觀感和待遇都已經不同，出家人的社會地位也因此有了很大的轉變。特別是到法鼓山出家的菩薩，每一位都要經過好幾階段的考核審查，才能夠正式剃度。第一階段，就是從諸位報考僧大開始，然後考試，一路到正式核准入學；接著學僧時期，在諸位適應僧團的同時，僧團也在評估諸位，經過再三地考核，才把適合剃度的名單送到我這兒來，由我做最後一次的審核確認。

為什麼我們的審查作業這麼嚴格？因為諸位來法鼓山出家，並不只是為了讓法鼓山僧團多增加一個人或一群人，這樣簡單的意義。而是從諸位剃度開始，僧團就要照顧你們的「一生」，乃是「終身的教育」，讓你們從一個普通的在家人，成為一個人天師範的宗教師。所謂「人天師範」，就是在威儀、觀念和行為上都能清淨端正，足以成為一般世人學習的典範，同時感召天界的護法神來保護我們。如果出家人的行為、威儀不端正，而要護法神來保護我們、在家人來尊敬我們，那是不可能的。

要當一般的人師並不難，只要受過正式的師範學校教育，取得教師資格之後，就有機會在中、小學擔任老師。但是，一般老師的影響不及宗教師廣大，宗教師能讓所有與他接觸的人，從他的威儀之中，即身、口、意的整體行為，自然而然生起一分恭敬心和讚歎心，這才是人天師範的宗教師。

法鼓山的僧眾教育，就是要培植一個能夠讓人肅然起敬的宗教師，這乃是一種終身教育，絕非短促的一、兩年即可立竿見影。而在這項「終身教育」之中，剃度代表初步的教育已經通過，接下來還要受比丘（尼）的大戒，那又是另一次的考核。依照往常的經驗，多半新剃度的出家菩薩都能夠順利受大戒，只有少數因為無法達成我們要求的標準。至於不能剃度的人，可以選擇留在法鼓山當終生的義工，或者回家，當佛教的護法居士。

出家是終身的考驗

另外，我也要敦勉諸位求剃度的菩薩們，出家這條路實在不簡單！當一個出家人比做一個博士更難，博士只要把該有的學程完成，把博士論文寫出來就行了。雖然不同的人獲得博士學位的時間有長有短，但畢竟有完成的一天，譬如我就是在三年內取得博士學位。而做一個出家人，必須戰戰兢兢，讓所有與我們接觸的人，都能夠感受到佛法的關懷、得到佛法的利益，這是一輩子的事。

因此，做為一個出家人，就要經過終身的考驗，並不是剃了度、受了戒以後，就算畢業了。剃度、受戒，只是完成一個宗教師的資格審查，之後我們仍然要戰戰兢兢地持守戒律。譬如諸位在學僧期間，禁止飲酒、禁止吃肉、禁止抽菸、禁止交男女朋友，也禁止擁有私財——自己不能帶錢來，也不能接受個別信徒的捐款，這是很重要的。我們出家人收的紅包、受的供養，一定要交給常住僧團來共同運用，沒有什麼個別的錢可以放進私人的口袋。

出家人身上雖然沒有錢，但生活還是有保障。出家人的生活即管教養衛，全部都由僧團來照顧；只要僧團存在的一天，諸位就永遠不要擔心生活，只要專心地修行和奉獻。只要臺灣或中國大陸還有一間寺院存在，我們的生活就有保障。意思是說，不管我們到哪個寺院掛單，對方都願意接受。

就算現在住的寺院沒有了，也還有其他的寺院可以去，生活一樣沒有問題。所以，出家人不用為生活擔憂，不要為圖將來有個老本而想存一點錢，完全不需要有這些考量。

此外，出家人不論在哪個地方，隨時隨地都要弘法。只要你能夠弘講佛法，能夠告訴大家如何用佛法來消解煩惱、用佛法來調身、調心，就算沒有道場來支持，也不必擔心生活的問題，因為自然就會有人來支持你、護持你。其實，現在所有的出家人都已具備了這種本領，尤其是法鼓山培養出來的法師，各界對我們的評價也都很高。

因此，最後我要肯定地告訴大家：「出家，實在是今天二十一世紀最時髦的一個行業！」再次歡迎大家到法鼓山出家，再次恭喜諸位即將剃度，成為二十一世紀最時髦行業的一分子。阿彌陀佛！

——二〇〇八年八月十六日法鼓山園區「對新戒法師開示」，刊於《法鼓山僧伽大學九十三～九十五學年度年報》

2

內修外弘，安己安人

出家修行的基本觀念

什麼叫作出家人？出家人跟在家人有什麼不同？出家人從出家的那一天開始叫作入眾，所謂入眾就是進入僧團，成為僧團裡面的學戒沙彌、沙彌尼。進入僧團首先要會背課誦，目的是為了隨眾上殿、過堂，這是出家人的本分事。

如果出家人不會五堂功課，不上殿、不過堂，只有兩種狀況，一是被擯，被僧團擯棄、被趕出僧團，沒有隨眾過堂的權利；二是自擯，自己放棄僧權，不參加上殿、過堂。不管是被擯或自擯的人，都喪失僧權，在僧團裡沒有講話、提供意見的權利，也沒有要求僧團服務的權利。像這樣的人，只是一個客僧，臨時在這裡掛單，只能夠在客堂裡吃飯、睡覺，最多兩、三個星期，就必須要離開，因為他不算是這個道場的僧眾。

入眾、隨眾、安眾

身為僧團的人，上殿、過堂、出坡，是一種權利、一種責任，也是一種義務、一分光榮。入眾參與這個團體，就必須隨眾，大眾做什麼就做什麼，隨著大眾學習出家的生活、出家的威儀、出家的觀念、出家的修行方法。也就是說，在生活之中隨著大眾一起學習，目的也在於安眾。

入眾、隨眾，對僧團各項事務就有分擔工作的責任，如此即能安眾。譬如你和一個和尚同住一間寺院，你總不能夠老是坐吃三餐，早上不起床、晚上不睡覺、白天不工作，叫他幫你煮飯、幫你打掃環境。這樣他就變成你的僕人，而你在那邊做皇帝了，住不了幾天，他一定會把你請走。因為你沒有分擔寺院裡的各項工作，不能安眾，自己也不能夠安住，這一點請大家能夠記住。

隨眾修行，安己安人

有人問，我們來寺院是出家修行的，可是每天都有忙不完的工作；早餐之後要打掃環境，然後接引信眾、處理公務，一直到晚上都沒有休息。

這有兩種原因，第一是執事無知、無能，沒有把生活規律安排好、沒有把作息時間規定好，所以大家整天又忙又亂。另外，是因為自己沒有自律的能力，本來就不應該在吃飯的時候、中間午休的時間、晚上打坐的時間工作，你卻在工作，甚至於晚上已經養息了，都還在工作。這是自己無知，從早到晚都是在忙著工作，這樣就沒有正式的作息時間，這是很糟糕的事。這種現象，執事們看到了要檢討，是不是沒有把作息時間安排好？個人也要檢討，是不是自討苦吃？

因為晚上不睡覺，早上起不來，每天忙、忙、忙，忙什麼也不知道，就是太忙了！在寺院裡，都是忙於事務的工作，沒有真正修行的時間，時間一久，便感覺自己不是出家人了。其實每天早晚，我們有早坐、早課、過堂、晚課、晚坐，這就是修行的時間。我們早上四點多鐘起床，到七點多鐘，這段時間是讓你們修行的，不是用來補充睡眠、忙工作。或是早上不吃飯，等大眾過堂以後，自己跑到廚房裡過二堂、過三堂，這樣的生活過久了，一方面自己會厭煩，其他人也有可能會學樣，或是看不起你，說你這個人不隨眾，應該受擯、遷單。所以，我一再強調、叮嚀，諸位不要以為不上殿、不過堂、不隨眾，好像是占了便宜，實際上不是占便宜，而是消受了僧團的福報。不隨著僧團做奉獻，是有罪過的，這是在造業，並不是在修行，結果還覺得僧團沒有給你時間修行。

現在我們住眾每天的隨眾有僧執在管理，執事法師一忙，上殿、過堂的狀況就不好，因此第二任方丈和尚即位時，我要求方丈和尚要領眾焚修，領眾上殿、過堂。如果上殿、過堂的時候，看不到方丈和尚，一定是有原因，這時方丈和尚就要請副住持、都監、副都監來代理，站在方丈和尚的拜墊位置領眾。如果大殿中間沒有人，只有清眾，大殿的氣氛是不凝聚的。

我要勉勵諸位菩薩，不要自擯；不要別人沒有擯你，卻把自己擯掉了。

雖然沒有真的趕你出去，但是其他人會感覺你這個人常常自擯而看不起，你也會有被擯的感受。另外，請方丈和尚一年至少要為常住大眾，不管是擔任什麼職務，安排一到兩次進禪堂共修的機會，時間七到十天不等，如果時間實在不允許，就與在家禪眾一起參加禪修。否則整天做的是在家人的事，接觸的人也與在家人差不多，隨著時間一天一天過去，會覺得自己與在家人一樣，甚至還不如在家人，這樣很容易就會退道心。我們禪修一次，就會提起道心再回到初發心，因此一年之中能有一段集中修行的時間是很重要的。

出離三界的清淨梵行

接下來，我要講出家修行的幾個觀念：

（一）以凡夫身修出離行

凡夫包含人、天、阿修羅，地獄、餓鬼、畜生，上三塗與下三塗，但主要是指人。凡夫不離五欲、俗情、俗緣、俗世，只有出家人是以凡夫身修出離行。出家的人一定要肯定自己是凡夫，在中國佛教歷史上，歷代的祖師、高僧大德也沒有一個人說自己是聖人。即使人稱「東土小釋迦」的天台宗智者大師，他也說自己是凡夫。他本想成就六根清淨位，修到初住菩薩，從外凡變成內凡的，結果臨終時，檢討自己才剛滿十信位，還沒有進入賢位，因此仍然是凡夫。此外，明末的蕅益大師、蓮池大師、憨山大師，還有近代的太虛大師、印順長老，都沒有說自己是聖人。太虛大師說自己是以凡夫身修菩薩行，而印順法師則說自己一生都是做凡夫的工作，過凡夫的生活。只有外道才會說自己是聖人、是古佛再來，真正正信的菩薩行者絕不會如此。因此，我們是用凡夫身來修出離行。

或許有人會說：「反正都是凡夫，我還俗去好了。」然而，修出離行與不修出離行的凡夫是不一樣的。修出離行的凡夫，漸漸地就能夠脫離三界的煩惱束縛，譬如戒叫作別解脫戒，意思是遵守哪一條戒，當下就從這條戒得解脫；若終身能受持幾條戒，就終身從那幾條戒上得到解脫，這是個別個別的解脫。所以，我們雖然是凡夫，若能修出離行，也能漸漸得到解脫。

有一次，我問我的侍者說：「有人因為不能解脫、不能成為聖人，心中很著急，所以還俗去了，那你呢？如果成不了聖人，你還要出家嗎？」他說：「我是凡夫，但是以凡夫身來出家和以凡夫身來過五欲的在家生活，是兩個完全不一樣的世界啊！」雖然同樣是凡夫，但那些想要變成聖人的人，一定會有很多煩惱。第一，容易退道心，不想修行了；第二，可能變成外道，有一點身心的體驗就自以為是聖人。做凡夫覺得不過癮，還俗去了，這是魔障；明明是凡夫，卻認為自己是聖人，那就變成魔頭、魔王了。

（二）以人間身修淨梵行

色界、無色界天的身體，叫色界身、無色界身，他們只有意識身，沒有像我們人間這樣的肉身、這樣真實的身體。他們是在人間修成了四禪八定，死的時候直接生色界天、無色界天，不是到天上才修的。因為到了天上，已經沒有身體，而且因為在定中，心的力量很微弱，沒有辦法修行。而欲界天的天人思食得食、思衣得衣，太快樂、太享受了，根本想不到要修行。所以只有我們人間的身體可以修行。

色界、無色界的天人沒有男女愛欲，我們出家人就是要學習他們，這就是修梵行。他們不用說「我要修梵行」，本身就在梵行之中，因為我們有身體，所以要修梵行，那才是真正地在修行。修梵行有什麼好處？《圓覺經》說，一切眾生「皆因淫欲而正性命」；也就是說，一切眾生身體的果報，都與淫欲有關係。如果淫欲不斷，禪定學得再好，也是入魔道；因此先修梵行，再修禪定，那就是出離行，就能出三界。所以不要以為梵行是色界、無色界的天人修的，人間身才要修梵行，也才能夠著力。

以上二點大家要了解，這是出家修行的兩個基礎。

成就眾生的宗教師精神

（三）以出世心修菩薩行

一般漢傳佛教的出家人或在家人，對這一點的認知都還很模糊。大部分的人認為出家人修的是小乘行，在家人修的是菩薩行。因為在家人什麼都可以做、什麼地方都可以去，只要心清淨，發了菩薩心，那就是修菩薩行；而出家人要受比丘、比丘尼戒，因為有了戒律的約束，所以有很多地方不能去、很多話不能說、很多事不能做，一旦去了、說了、做了，就會破出家戒；這是中國佛教根深柢固的偏見。事實上，菩薩有出家菩薩、在家菩薩，真正的菩薩行者是以出世的身心來實行菩薩道，我們這些受了比丘、比丘尼戒的出家人，當然是菩薩。太虛大師自稱太虛菩薩，大家也恭稱他為太虛菩薩，還有慈航法師，大家也恭稱他為慈航菩薩，包括歷代的祖師都是菩薩，都是現比丘相行菩薩行，這一種菩薩才是真正清淨的菩薩。

（四）以入世心成就眾生

中國佛教一向自稱是大乘佛教，但是太虛大師說，漢傳佛教講的是大乘菩薩心，其實行為還不如小乘的聲聞僧。小乘的聲聞僧他們在負責僧團教育及廣度眾生，而漢傳的出家人則逃避現實，躲在三門之內、躲在深山之中。小乘的聲聞僧，他們每天必須要托鉢，利用托鉢的時候接觸人間、遊行人間。他們以托鉢來維持生活，在托鉢的時候，用佛法來勉勵、開示供養的在家居士。如果在家居士有了婚喪喜慶，特別是病喪貧窮，小乘的聲聞僧眾都會積極地幫忙。所以小乘跟大乘不同的地方，不在於這一生的生活型態，而是在於死後，他們不想要再到人間來，而希望能夠生到四禪天，尤其是到五淨居天，最多再來人間一次或者七次，證得阿羅漢後就不來了。因此，聲聞乘還是有度眾生，如果不度，南傳國家應該已經沒有比丘了。

但是有些中國的比丘，往往是一出家就是要修解脫道、修出離行，所以就躲在深山裡、寺院裡，不問世事，卻叫其他人做牛做馬地護持他，自己坐享其成。這樣修行多半修不成，因為這種人很自私；自私自利的人，自我中心非常強，不可能得解脫，只會背因果！因為出家以後，吃十方的信施、用十方的信施，沾道場裡的光，讓其他的比丘、比丘尼為他做奴隸、做傭人，而自己修行，這種人欠人間實在太多了。

用出世心修菩薩行，就是對世間的事不去占有，也不為世間的事煩惱，但是對世間的眾生有慈悲心，要救濟眾生，也就是要以入世心成就眾生。

佛教存有一錯誤的觀念，認為修菩薩行一定會變成像世俗的人一樣。其實出家人是以出世心來修菩薩行、來幫助眾生，而不是與世間的人混在一起，變成混世魔王。而以出世的心做菩薩行，就是眾生在哪裡就到哪裡，眾生需要怎麼成就就怎麼成就，就如宗教師做救世救人的工作，哪裡有災難就要到哪裡，哪裡有病痛就要到哪裡，哪個人遇到了困苦就要幫助他，這也是出家菩薩應當要做的事，這就是菩薩行。因此，出家的菩薩必須具備宗教師的精神。過去佛教從來不提倡這一點，因為出家菩薩不必做宗教師的事。

臺灣有一位證嚴法師，他是出家人，也是菩薩行者，辦了很多救世濟人的事業，與天主教、基督教的宗教師或大宗教家，譬如在印度的德蕾莎修女（Mother Teresa）一樣，都在做救世、救人的工作。

有的人認為宗教師就像一般牧師，有家庭子女，也領薪水，上班時到教堂，下班時回家。這雖也是宗教師，但並不是真正的，要像耶穌、證嚴法師，或者像德蕾莎修女這樣的才是。有家屬的宗教師，常常會出事情。

另外，臺灣還有一位比丘，是屬於聲聞型，雖然對救濟事業都不關心，但是也受到人家的尊敬。他是出家菩薩，但是沒有宗教師的精神，不做宗教師的工作。這也沒有不對，中國佛教一向就是這樣，認為出家修行就是自己關起門來好好修行，所以有的人終生都在閉關、終生都在寺院，譬如歷史上一些高僧，還是算大乘的菩薩，但是沒有宗教師的精神。宗教師的精神就是關懷這個世界的眾生。

修行以般若為導

接下來：「修人天善法確保人身，修禪定止觀確保色、無色界身，修戒、定、慧三學離貪、瞋、癡三毒，而出三界生死。」

出家人不修人天善法，死了以後，如果解脫道沒有修成功，人身難保。出家人不修五戒十善，只不過是一個光頭俗漢，所以受戒的時候，無論是三皈五戒、沙彌十戒，比丘、比丘尼戒，都是以人天善法做為基礎。

我們還要修禪定止觀，這就有別於欲界眾生修的五戒十善；欲界眾生修五戒十善而確保人身，三界眾生的上二界，則需要靠禪定。出離三界，不一定要修禪定止觀，但一定要有般若，也就是空慧，無我的智慧，所以六波羅蜜的最後一項就是般若波羅蜜。我們可以只修慧而得慧解脫，但是只有很少的人能夠達到這個目標，普通人還是需要修禪觀，否則心非常地亂，煩惱非常地重，不容易與般若的智慧相應，般若慧就不會現前。但修止觀、禪定，一定要修三無漏學，用般若慧來配合，否則不能出三界。

服務大眾，做眾生的供養人

最後：「修正菩薩行，為眾生做供養人，為眾生做護念人，恆順眾生，廣度眾生。」

既然有正菩薩行，就有邪菩薩行。所謂邪菩薩行，就是表面上也講修菩薩道，應該不怕煩惱，應該任何環境都要去，應該用四攝法來接引眾生，可是其背後的目的是為了滿足個人的私利、是為了求五欲的享受或占有。也就是以修菩薩行、行菩薩道為名，行為看起來與正菩薩行沒有不同，但是有自我中心，是為了替自己爭取名利權位勢而做救濟或布施，並將一切功德、一切收穫歸於自己，變成了救世主。世界各地都有這種人，表面上看是菩薩行，但是從內心、目的來看，是邪道，而不是正菩薩行。

修正菩薩行的人，是要為眾生做供養人、要為眾生做護念人。供養不一定要用金錢，也可以是運用時間、運用體力，例如搬運東西、開車等，也就是為人服務的意思。

我在大陸、臺灣、香港、美國，都看過一種情形。有些人未出家前，為僧團服務，為僧團做義工、做供養人，可是出家以後，車子不開了、東西不搬了，飯也不煮了，任何事都希望在家人代勞。因為他認為自己現在是僧寶，是要受供養、受尊敬的，如果再做這些事情，人格就好像低了一層。

有一位大法師，還是居士時會替法師拿鞋子，一落髮出家後，第二天就變成一個大法師。出門時自己不拿鞋子，要居士拿：「你去幫我的鞋子拿出來。」回來時又說：「你把我的鞋子拿出來，然後把這雙鞋子放到鞋櫃裡面。」有一次，郵局將他的包裹放在門口，他也是這樣講：「某某居士，你把那個郵包拿起來，打開給我看一看。」看了以後又說：「這些東西，你替我收起來。」自己不動手，完全要請人家動手，這很糟糕！

在社會上，有成就的在家居士也不會這樣。我過去就看過一家很大型企業的董事長，幫工友拿鞋子、搬椅子，還有倒茶。這就是為眾生做供養人。他並沒有因為自己是雇主，就把私事全部交給工友去做。工友是為公司，而不是為老闆個人服務的；如果抱著自己是老闆的心態，就會什麼事情都請工友來做。如果我們凡事都要叫義工做，自己能夠伸手做的也不動，甚至連一杯水都要請義工菩薩來端，這樣的行為在家居士稱為官僚，會讓人家看不起的！

放下自我，隨緣度眾生

任何一個人都可以廣度眾生，沒有程度或身分的差別；懂一句佛法、懂一句阿彌陀佛，就可以廣度眾生。譬如有人很痛苦的時候，你陪伴他，聽他訴說苦難，然後教他念觀音菩薩。雖然沒有說什麼開示，但他已經得到很大的安慰了，因為有人了解他，願意傾聽他的苦難。所以，不一定要有很多錢，懂得很多佛學，只要去看一看他，有一、兩分鐘的時間傾聽他的訴說，他就已經得到幫助了。

有的人好高騖遠，認為一定要大學畢業、讀研究所，然後讀博士，才能夠度眾生。像這樣的人往往度不了眾生，因為他講的話別人聽不懂，寫的文章別人看不懂，而且一天到晚只想到怎麼求出路，老是在煩惱之中打圈子。他們連自己都不容易度，更不用說度眾生了！

我從來沒有想到要為自己求出路，譬如我的書法，我從來沒有想過它可以展覽，而且還能夠義賣！是一位居士說：「師父是可以寫的，不如我們來義賣，只要捐款法鼓大學多少以上，就送一幅字謝謝他。」於是我才開始花時間寫字。結果書法展相當成功。如果今天我貪求金錢，拚命地練字，以我寫字的程度，最多幾百幅字，一幅字賣幾萬塊到幾十萬塊錢，頂多賣到一千萬。而且假如他們以買字的心態，難免會嫌好道醜，說這幅字寫得不好，這幅字太小，這幅字有缺陷，……可是現在他們拿到字，都歡歡喜喜、高高興興地。

昨天有一幅很小的字，義賣了一百萬元，我覺得很抱歉。但他告訴我：「師父！我不是買字，而是字裡的義法及師父的悲願。我相信師父的悲願，所以願意捐這個錢，何況字的內涵很好，我很高興。」另外，還有一幅字，信眾以兩千萬義買，依現在書法家的行情，不可能有這個價錢。這是因為他們受到我度眾生的願心所感動。

因此，做任何事只想到為眾生做供養，而不是為名利權位勢，就是做眾生的供養人；反過來說，如果出發點是為了名利權位勢，那修的就是煩惱心、生死心。

不要以為自己煩惱很重，不容易出生死，只要根據以上幾點來修行，煩惱一定會減少。有煩惱的時候，想一想師父講的話，煩惱就會消，你不解脫也得解脫，你隨時能夠在生活中得解脫，所以出家要比在家好太多了！

——二〇〇七年九月三十日法鼓山園區「早齋開示」，刊於《法鼓山僧伽大學九十六～九十七學年度年報》

成為一個真正的出家人

「出家體驗暨僧才養成班」是一個體驗出家人持戒清淨、奉獻利眾、開創生命深度與廣度的修學歷程。由於參加學員的年齡層次不一樣、教育程度不一樣、背景條件不一樣，因此我們提供了一個不一樣的培訓課程，透過兩年的熏習，從身心的真實體驗，進而養成一個真正的出家人。

不做「和闖」、「和樣」，要做真正的「和尚」

何為真正的出家人？過去有一位樂觀老法師說過一段話，值得我們省思。他曾經對當時的出家人做如此的區分：第一類是「和尚」，以和為尚，虔遵六和敬的精神，見和同解、戒和同修、身和同住、口和無諍、意和同悅、利和同均，不論在任何地方都能自利利人。另一類則為「和樣」，有著和尚的樣子，但是既不為三寶而奉獻，也不會講經說法，基本上不至於行為失檢，然而只是徒具出家表相罷了。第三類稱之為「和鬧」，到處遊走闖門，但不論置身何方，都覺得是地獄、是魔窟，無一處美好。在甲地批評乙地不好，到了丙地講說乙地不對。這類人的行徑，不單對自己沒有好處，對佛教、對眾生、對社會更無助益。所以「出家體驗暨僧才養成班」所培訓出來的人才，我希望一定不可成為「和鬧」，也不能只是「和樣」，而必須是一個「和尚」。因此要從「身儀」、「口儀」、「心儀」三方面自我淨化學習，為修行生命奠基。

身、口、心三儀的淨化學習

「身儀」、「口儀」、「心儀」是法鼓山僧團非常注重的生活威儀，從身體動作、語言及心念的改變做起，自然流露出恭敬、端莊、安詳的氣質。

身儀莊嚴，面如菩薩低眉展現慈悲，和顏的微笑、誠懇的問候，雙手合十、微微欠身，以心香一片，向人表達誠懇、尊重和友善，用行為來感動他人。

口儀莊嚴，如海潮般的音聲，傳遞真心的關懷，柔和地說一聲「阿彌陀佛」，親切地道一句「為你祝福」，祥和遍滿人間。

心儀莊嚴，如善財童子五十三參的謙恭，視每一位與我們接觸的人都是佛、菩薩的化身，用佛法來感化自己。

三千威儀、八萬細行，善好的威儀足以攝眾、安眾、化眾、度眾，能在默默之中感動人心。所以有的出家人雖不善於講經說法，但是他威儀很好，隨時隨地看到有人需要幫忙，他義無反顧；別人有任何問題，他先照顧他人立場，不堅持己見；永遠關注別人問題的解決，讓別人度過難關。如此深具悲心的人，就可以廣度眾生。因此「出家體驗暨僧才養成班」的課程，我們特別著重身、口、心的生活威儀，以此做為學習重心之一。

從消融自我而進行自我轉化

當然，生活威儀並非一蹴可幾，因為每個人過去幾十年的生活慣性、習氣已根深柢固，修正、轉化必得經歷一段時間。這二年的培訓，就是自我消融、化除舊有模式、更新生命的時刻。原則上，我們不強調提供繁多的佛學講授，因為參加學員可能已具相當的佛學根基；我們也不強調養成一個住持人才，因為參加學員或許來自管理階層，已有領導、企畫、管理等能力。我們強調的是消融自我，這才是最大的重點。唯有從消融自我進行轉化，生命的深度與廣度才得以開展，進而精進道業、福智雙運，成為一個自行化他的菩薩比丘、比丘尼。

——刊於《法鼓》雜誌一五四期

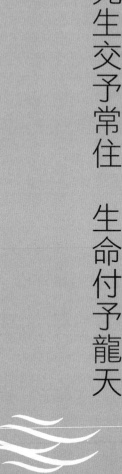

死生交予常住　生命付予龍天

這一堂課叫作「出家心行」，首先要向諸位介紹的，是關於出家的心態。這個主題我已說過許多次了，但是既然出了家，出家的心態對於身為出家人的我們是非常重要的。「死生交予常住，生命付予龍天」是出家應有的心態，這也是過去中國大陸的叢林，凡是有人進單時都會要求的。

「進單」是什麼？就是進入常住，進入叢林的意思。所謂「叢林」，是指大寺院，就是許多人共同生活、共修清淨梵行的道場。到叢林中來討單，就應有「死生交予常住，生命付予龍天」的認知。意思是說，既然決定進入常住，那麼自己就不該有個人的想法或作法，應依循道場的制度、規律、生活作息，不能自己單獨要求什麼或不參與什麼，否則就是沒有把「死生交給常住」。常住道場的所有運作，從殿堂到出坡以及各項作務，大眾應協力合作，才能和合共住。再者，就像在家人的家庭有家規、家法、家風，團體中有法規、規則，軍人有軍人的紀律一樣，每個道場都有每個道場的道風。

不違背精進修持，是每個道場的原則，就是要大眾修持戒、定、慧三學，要修布施、持戒、忍辱、精進、禪定、般若六波羅蜜。原則是相同的，而運作的時候各有不同的風格，這不同的風格就是道風。以大陸江蘇省為例，長江以南、長江以北的道場，風格是不相同的。譬如，金山寺在江南，高旻寺是在江北，兩個道場的道風不同。所以，當你打算進入某個道場，就要了解、實踐那個道場的道風，這樣才能在那個道場安住下來。

因為「把死生交給常住」，所以常住安排你在什麼位置、安排你擔任什麼工作，就是依著常住的安排，沒有自己想做、不想做的問題。從前有一位很有名的老和尚去揚州高旻寺掛單，在這之前，他被推到江中差一點淹死，雖然有人將老和尚救活了，但是他的身體沒有完全康復，就到揚州高旻寺去。到了高旻寺，許多人都聽說過這個人，馬上邀請他擔任一個重要的職務，但是因為他才從長江裡被人撈起，身體還很虛弱，沒有辦法負擔這個責任，而他也沒有明說，只是表達無法擔任此一要職，因而被常住打了一頓。

只有執事任務，沒有階級大小

因為就常住的立場，既然進了道場，不接受道場派任的執事就是抗拒，抗拒等於傲慢，因此被打了一頓。那麼，對於這位老和尚而言好不好呢？沒有什麼好不好的，就是捱了一頓打，消消業。我說這個故事的用意是要說明，進了道場，死生就要交給常住，常住派任的職務，不應有個人的理由、個人的意見。

有些人能上、不能下，例如原本是身居高位，不願意下台，認為下台沒有面子。這是無理的。出家人只有工作的責任，沒有階級大小的分別。出家人就是出家人，都是法師，即使我是師父，但我也是法師，我並沒有說自己跟弟子有什麼不同。

我一向說大眾是相同的，不論是男眾、女眾，年紀大小或戒臘高低，都是法師，沒有階級之分的。不要認為被派任一個比較重要的位置，就是升級了、升官了！如果將你的位置調整，就認為是丟官了、丟臉了。這都不是出家人的心態。出家人是平等的、沒有階級的，各位同學一定要清楚這一點。

僧團需要諸位服務的時候，你應該高興有機會可以培福了。當你服務的機會少了，也應該高興，因為比較有時間自修了。無論在哪個位置、擔任哪個工作都很好，應該要有這樣的想法，否則，心裡不自在，將很難安住在道場裡。

先將心磨平，安住在道場

有些人進入道場之後，老是抱怨、挑剔，懷疑這個道場是不是適合自己。阿彌陀佛！當你認定那個道場、進入那個道場，就要安住下來，沒有適不適合的問題。如果總是考慮適不適合，那一定不適合。為什麼？因為這是你的習氣很重、我執很重，當然不適合。經過一段時間之後，因為這個道場一直和自己想像的差異很大，不久就會選擇離開。

曾經有幾位體驗班的學生，在還沒有就讀僧大之前，經常對我說：「我們這個道場要這樣、要那樣，否則我不想來喲。」我說：「為什麼？」他們說：「這不合理嘛，這簡直是折磨人嘛，不僅浪費人力、浪費時間，還浪費財力。」我告訴他們：「我們這個團體是百川進大海，百川的每一川，成分是不一樣的，但是流進了海裡，全部都一樣了。我們要容納所有的人，不能夠為了哪一條川流的特色，而要大海變成這一條川流的水質，這樣就沒有辦法容納其他川流的水囉。」

所以，要出家，首先必須把心磨平。道場的道風如何，就要接受，這樣才能安住僧團，否則進了僧團，沒多久就會想離開，即使暫時勉強待下，之後還是會離開。為什麼？因為，你的心裡總是在想著這個團體應該改變，改變得像自己想像之中的那樣。存著這樣的想法，你到任何一個有制度的僧團，都沒有辦法待下。那就一個人修行吧！但是一個人修行不容易成功，為什麼？第一、缺乏老師的指導；第二、你的修行基礎不夠，知見沒有建立。我遇過許多同輩或晚輩，他們有很大的抱負，都想要早一點成就，於是自己去閉關或是去住茅棚，或者在市區買個公寓住，看書、打坐、拜佛、修練，自己用功。像這樣是不容易修成的，因為他們的心非常固執，自我中心的意念太強。

修行，就是要放下自我中心的意念，因此我們說：「死生交予常住，生命付予龍天。」龍天是指護法的諸天菩薩，我們自己身體的健康，自己能照顧的只是一部分，其他要靠護法神來護佑。自己能照顧的這一小部分，不要糟蹋，冷的時候要加衣服、熱的時候不要穿太多，不要餓得太過頭或是吃得太脹，飲食起居、生活作息要正常，這是我們自己可以照顧的。除此以外，我們身體的健康狀況不是自己能夠掌控的，那就要龍天護法的護持。

修行只有道心，不擔心生死問題

雖然說應好好地照顧身體的健康，不過，如果對死生、對生命太在乎，或者是希望活得久一點，那麼，這就是俗人的觀念了，不是出家人應有的心態。我們一定要相信，如果有道心，護法龍天就會保佑我們。古代有許多善知識經常遭遇九死一生的境遇，但他們置生死於度外，不擔心自己是生還是死。只要有道心，不須擔心生和死。

今天早上我遇到一位中年婦人，她說最近心中總是存著恐懼。我問她恐懼什麼？她說：「恐懼死亡，我怕隨時都可能死亡。」我說：「為什麼恐懼死亡？」她說：「因為我有病，我怕不知什麼時候就會死去。」我說：「阿彌陀佛是無量壽，你不妨多念阿彌陀佛。不要怕死亡，不要擔心死亡，多念阿彌陀佛就是了。當然，到最後還是會死，誰都會死，但是不要怕死，你多念阿彌陀佛、多結善緣。」這位婦人是來山上當義工的，負責清掃公共場所，我說：「你掃地就是做好事，你自己念佛也勸人家念佛，自己掃地、也勸人家一起來做義工，這樣子你會活得更平安。至於擔心害怕，那就不必了。」

我不知道這位婦人會不會接受我的意見，如果接受我的意見，她就不會繼續恐懼下去，甚至也會活得久一點，否則愈是擔心死亡，可能會死得早一些。因此，一定要相信，我們在佛法上精進用功，龍天護法一定會護佑，我們是平安的。如果還是生病，常言道「比丘常帶三分病」，可以將病視為助道因緣。但是如果總是病得一塌糊塗，飯吃不下、路也走不動，什麼事情都無法做，這就不是三分病，這個是七分病、八分病了，這樣子很難修道。「三分病」是指身體是有病的，但是心理是健康的，要相信護法龍天會保佑你，如能這樣，你自己會提起精神，就不會老是覺得自己有病。

請問諸位，覺得自己身上一點病都沒有的人請舉手。沒有人舉手，那表示每個人多多少少都有病。我曾經問過醫務室負責醫療的法師：「我們常住中，有多少人是不害病的？」他說：「沒有人不害病，是小病、大病的差別罷了，大病很少啦，小病沒有一個人不害的，多多少少都有病。」

不能因為身上有病，就覺得自己沒有希望了。帶著一點病，如果能讓自己生起慚愧心、更有精進心，這樣子的病是帶病延年。因為有病，知道自己的業重而起慚愧心，就能因為有病而有道心。應該這樣想：「自己能多活著一天，是賺到的，在這一天就應該精進用功，自利、利他。有機會利他時，做利他事，沒有機會利他時，至少自己要負起應負的責任。」現在，你出家一天就修行一天，這就是你賺到的。如果你認為：「反正明天可能就死了，我今天還要做什麼？就等死吧！」這就很可惜了！因為生命可貴，你浪費了今天一天的生命，一輩子有多少個一天？甚至一口氣、一口氣的呼吸也都是珍貴的。但是珍惜生命的意思，並不是說要你養尊處優，而是為了要充分地發揮生命的光輝來利己、利人。在僧團中就是要這樣發揮自己生命的功能，來成就大眾、成就自己。

尊敬戒長者，尊重高職務者

接著，我要再次叮嚀諸位，雖然出家人沒有階級，但是出家人以戒臘為尊、為貴，應尊敬戒長的法師；即使對方的戒臘不比自己久，但負責團體中較高層的職務，此時應以職務為重，要尊重職務。

一個團體一定有其組織結構，這結構形成了一個機制，我們處在結構中就受到機制的約束。在僧團中，這個機制是整合性的，是整合所有的意見成為共同的意見，個人的職務也是整合的、不是獨裁的。此外，一個團體有它的道風，無論是誰來擔任負責人，他都必須遵從我們的道風，如果不遵從，就會亂了。

諸位來法鼓山，就要安住於我們的制度，如果來了以後，就想要將所有的制度風格全部改變，會發生什麼事？結果可能是大家離開了，只剩下改變制度的人；或者，剩下的人從其他地方另找一班人來。最近中國大陸有個道場，原來的住持圓寂了，請了另一個道場的方丈來晉山，結果，這位新方丈將這道場原來的道風全然改變，大家完全要聽他的、要照他的，新方丈將不配合的人全換掉，換成自己道場的人來取代原來道場的人，後來這道場的人全部離開了，兩個道場就變成同一個道場。將原來道場的人弄走，這就不是和合了。

所以，在架構上要接受結構，這是尊重職務。職務上講求尊重，戒臘上講求尊敬；職務低而戒臘高的，要尊重戒臘低而職務高的人；戒臘低而職務高的，要尊敬戒臘高的人。但是要注意的是，尊敬不等於放縱，尊敬是禮遇，譬如走路時、吃飯時、坐位子時要尊敬。

戒律裡經常提及：我們要親近善知識學習，我們要尊敬阿闍黎、尊敬和尚，就像尊敬佛一樣。對於指導我們修行的老師，或是我們依止的和尚，要像見到佛一樣地尊敬，必須懂得禮節。和老師、師長、值得尊敬的人面對面走近時，應站著等他走過，你再走，這是禮節。遇到其他的長輩、香客或是不認識的在家人，要向他問訊合掌。我爬山遇到許多山友，開始時我會主動先打招呼，現在他們一見到我，就會先跟我打招呼或合掌，這也是一種弘法，因此出家人要以身作則。

——二〇〇四年八月三日講於僧伽大學、佛學院、僧才養成班「出家心行」，刊於《法鼓山僧伽大學九十三～九十五學年度年報》

談信願行及安於當下本分學習

大家都知道，淨土宗特別重視信、願、行三個字。「信」，是入佛法門的基礎，如果沒有自信心，就不能肯定自己沒有走錯路，對於三寶、對於自己修行的法門也就沒有信心，便無法建立信仰的基礎。淨土宗是信西方極樂世界、信阿彌陀佛四十八願的願力，並且相信自己必須仰仗佛願力的救濟，才能夠出生死的苦海，這是修行淨土法門必須具備的條件。如果僅是念佛，而沒有信心的基礎，很容易就會放棄、就會改變自己的方向。

相信心外與心內的佛

對禪宗的法門來講，信「心外的佛」是最初入門的必備條件，如果心外沒有佛，對自己的信心是不足夠的。心外的佛是釋迦牟尼佛、是三世一切諸佛。我們要相信有佛的國土、佛的慈悲、佛的加持，雖然釋迦牟尼佛的化身已經涅槃了，但他的報身、法身則到處都是、隨時都是，就與三世一切諸佛連在一起。然後，要相信有「心內的佛」，心內的佛是自心佛、自性佛。自心這個心是佛心、眾生心和我的心；在沒有開悟以前是煩惱心，開悟以後則是智慧心。

既然自己的心與佛的心相同，為什麼我們現在不是佛呢？因為我們有煩惱，因此是煩惱心，而佛是智慧心。這兩種心的本質完全相同，是一體的兩面，當眾生煩惱的時候叫作煩惱心，如果是諸佛，因為已經解脫了，所以叫作智慧心。一定要相信，我們的煩惱心就是佛心，否則就不想修行了，因此，我們要建立起信心。

另外，禪宗講明心見性，明心是要把煩惱心轉為智慧心，如果智慧心現前，就能夠見到自性，也就是「佛性」。佛性是本性，也就是禪宗所講「本來面目」，未出娘胎前的本來面目。本來面目是沒有被汙染的一種自性，這個自性在我的解釋就是「空」，也就是《心經》「行深般若波羅蜜多時，照見五蘊皆空」的空。知道五蘊是空，這不僅僅生命是空，五蘊也是空，就變成人無我、法無我。五蘊皆空是我們的自性，因為我們把五蘊當成自我，所以執著、所以在生死的煩惱中。

淨土宗與禪宗講的雖然不大一樣，可是功能完全相同。我們到極樂世界時，如果不得上品上生，是見不到阿彌陀佛本尊的，來接引的多半是化身佛，而不是他的法身或報身。在西方極樂世界見不到法身佛，極樂世界的阿彌陀佛是報身佛，不過也只有初地以上的菩薩才能見到。雖然見不到，但是我們要相信他的存在。這是與禪宗信「心外的佛」相通的，禪宗所信的「心外的佛」是我們的教主釋迦牟尼佛，而出現在這個世界的是釋迦牟尼佛的化身，但是這個化身已經入涅槃了，因此我們是以釋迦牟尼佛的報身做為信仰對象，我們相信的是世間的報身佛，也沒有見到真正的法身佛。

禪宗最終要明心見性，要見到自性佛，也就是見到空性。而這個自性佛就是「心內的佛」，所以不管是心內的佛或心外的佛，我們都要相信。

依正信的佛法及僧團來修學

有人說，不要信釋迦牟尼佛，因為他已經往生了，而阿彌陀佛現在還在西方極樂世界說法，應該要信阿彌陀佛。這種說法就淨土宗來講，好像是對的，但是對整體佛法而言，則不一定正確。釋迦牟尼佛的化身雖然已經涅槃了，但是他的報身仍遍在於他所欲度眾生的世界，所以念釋迦牟尼佛的聖號還是有用。西方極樂世界是阿彌陀佛的化土，那是他願心所成的國土，我們這個娑婆世界是釋迦牟尼佛的化土，因此念阿彌陀佛是對的，念釋迦牟尼佛也是對的。

建立對釋迦牟尼佛的信心之後，還要相信他所說的法，以及依他制定的律而建立的僧團。諸部經論都是釋迦牟尼佛說的法，是修行的方法和觀念，我們根據它來修行；諸部律典都是釋迦牟尼佛制的律，我們根據它來建立僧團。僧團是攝受我們修學佛法的團體，也是傳持佛法的團體；傳是傳承，持是守持，除傳承外，還要守持釋迦牟尼佛的法和律。

所以我們信佛之後，也要信法、信僧，否則就等同信一個外道的神。一般的神並沒有告訴我們修行解脫生死的法門，只要相信就可以，那是世俗的一種宗教信仰。佛教必須是佛、法、僧三寶連在一起，缺少一樣就不成為佛教。

有的人信佛卻不信法，如此信佛的目的是什麼？有的人則不信僧，那你的法要從哪裡來？雖然可以看書，但是並不可靠。有時我們自以為理解了，其實不一定是真懂，而書上的解釋往往帶著作者個人的知見，以自我的知見來學法，就變成了外道法。現在就有很多這樣的人，會講經、會說法，甚至也會帶領大家修行，但是因為帶有外道的知見，所以運用的都是外道法。

在歷史上有很多外道，他們也寫書、也成立團體。不能說那些書沒有用，有很多人在看，甚至也會流傳，但是不可能變成佛法正統的寶典，因為編輯三藏寶典的人，一看就知道這與佛法不相應，雖然用佛法的名詞、佛教的經論，但是外道就是外道。

接著我們還要向僧來學法。但現在我們這個世界上，有好多自以為開悟的人，也成立了團體在弘法，譬如臺灣現代有好多來歷不清的喇嘛，顯的雖是喇嘛身，也自稱是藏傳佛教，但是真正的藏傳佛教也不一定會承認。臺灣像這樣魚目混珠的佛教團體還有很多，他們說自己是正統的佛法，我們反而是外道、是非佛法，但將來在真正的佛教史上會給予最客觀的評斷。

因此，我們一定要信三寶，而修學佛法最好還是要向如法如律的僧團學習，因為直接從釋迦牟尼佛傳承下來的僧團，一定是正確的。

共願與別願

第二，是「願」。願有共同的願及個別的願，就是同願（或稱共願）和別願。共同的願，譬如〈四弘誓願〉，即「眾生無邊誓願度，煩惱無盡誓願斷，法門無量誓願學，佛道無上誓願成」。凡成佛都必須要發這四個願，它也是大乘佛法必修的，所以在大乘經典裡都有這樣的主張。漢傳佛法是大乘佛法，因此〈四弘誓願〉是我們共同的願。

別願則是菩薩們個別的願，不同的菩薩會成就不同的國土、成熟不同的眾生，有無量無數的佛菩薩就有無量無數的國土，這些國土的眾生都因諸佛菩薩的別願而成熟。例如阿彌陀佛四十八願所成就的西方極樂世界，因為這是釋迦牟尼佛介紹得比較詳細，所以佛教徒最熟知，也與我們娑婆世界眾生比較有緣的佛土。釋迦牟尼佛是看到我們娑婆世界的眾生，心非常脆弱，自信心不夠，因此才特別為眾生介紹淨土法門。

有一點滿有趣味的，在中國、日本和韓國，基礎的佛法大概都是禪宗，特別是中國。可是在佛教史上，甚至近代佛教界的高僧大德，很多本來是學禪，也開了悟的，可是臨命終時還是回歸淨土，以西方極樂世界為他們的歸屬。

一、二十年前，臺灣有一位居士，因為從禪修得到一些經驗和利益，自以為已經解脫、已經開悟了，因此非常狂妄，好像自己與三世諸佛一鼻孔出氣，與諸佛是一樣的、平等的。最後他害了一場大病，在病中想用禪修的工夫來尋求離苦得樂的方法，結果用不上力，於是就改念阿彌陀佛，而他那個團體後來也改修淨土法門，念阿彌陀佛。

禪法並非不能得解脫，只是不是所有眾生都能做到，但它在平常生活之中是有用的。釋迦牟尼佛知道凡夫就是凡夫，在非常緊要的關頭用禪法，要得力並不容易，因此特別介紹了阿彌陀佛的淨土法門。

那麼釋迦牟尼佛有沒有成就國土？他的國土又在哪裡呢？就在我們人間，這個娑婆世界，所以釋迦牟尼佛也在我們這裡成熟眾生。

釋迦牟尼佛很慈悲，他自己建立的國土是暫時的、臨時的，但對我們這個世界的眾生有大用處。娑婆世界的眾生用佛法，是用多少時間就有多少的利益，但因不能全部開悟、全部成佛，就介紹我們到極樂世界去。但是如果自己有信心，自己得解脫，那就不必求生西方極樂世界。

日本東京大學有一位宇井伯壽博士，他在命終之前，他的學生坂本幸男，也是我的老師，就問他：「老師，您過世之後要到哪裡去？」他回答說：「一切都是空的，沒有什麼地方可以去。」他對佛法的信心非常堅定，實證空義，所以不必到哪裡去。人過世以後是在空性中，空性就是自性。在空性之中並不是什麼都沒有，空性是沒有執著的心，因此沒有一定要住在哪裡，也就是「應無所住而生其心」。沒有執著要到哪裡去，但是眾生需要他的時候，隨時可以化現，哪裡都可能出現。

另外，臺灣的印順長老，他一生不念佛；還有我的老師仁俊法師也一樣，學生念佛問好，他也不回應。他不是不相信阿彌陀佛，也不是不贊成念阿彌陀佛，而是對自心很有信心，因此不一定要到西方極樂世界。就如《六祖壇經》：「東方人造罪，念佛求生西方；西方人造罪，念佛求生何國？」也就是說，真正懂得空性的人，臨終時的信心非常堅強，因為就在空性之中，不需要到哪裡去。如此，現在這個世界可以說就是佛國淨土，也是我們提倡的人間淨土。

人間淨土在哪裡？就在自心中；這樣現實世界就是人間淨土，就看自己怎麼看待、面對和接受這個世界。如果業障很重、煩惱很重，與這個世界接觸時，不是貪就是瞋。貪就是執著，我要、我要，各種各樣的東西都要；貪不成、貪不到，就怨、就恨，瞋心就起來了。與貪、瞋、癡三毒相應的世界，就是地獄、穢土；如果與戒、定、慧相應，我們的心就是清淨的。只要一念心清淨，這一念見到的世界就是淨土；兩念心清淨，這兩念見到的現實世界就是淨土。人間淨土的意思就是這樣。不是有個按鈕，用手指一按，地球馬上變成極樂世界。而是先調整自己的心，不與貪、瞋、無明相應而不受汙染，這一念之間，你的心、你的身體就是在人間淨土裡。人間的確有淨土，但是如果我們從來沒有想到要把自己的心轉化為清淨心，從來沒有想到要把煩惱轉化成智慧，那就是在地獄裡。

學佛修行成就菩提願

願心與「行」，與行門、修行有關係。願心有長遠的及當下目前的願心，特別是長遠的願心，也就是要莊嚴國土、成熟眾生，一定要建立自己的修行法門；如果建立不起來，就要諸佛來度我們，寄託在諸佛的淨土裡。

我們現在用佛法建立人間淨土，實際上是寄託在釋迦牟尼佛的淨土裡。你們要知道，當釋迦牟尼佛成佛時，我們這個世界在他眼中就是佛國淨土，因此我們也用他的法門，把自己寄託在他的淨土裡，接受他淨土裡的種種攝受。

如果我們自己也希望能夠建立一個佛國淨土，那要有悲願。每個人的悲願不同，首先一定要將自己的修持法門學得非常純熟，然後再用智慧觀察哪一些眾生需要自己度，需要建立怎樣的淨土來成就他們。所以，雖說眾生無邊誓願度，但是度的時候，還是度有緣的眾生。目前我們還是凡夫的階段，只有學釋迦牟尼佛告訴我們的法門，再從他的法門之中，藉由修行漸漸地讓心發揮強大的力量，這需要發悲願。

觀世音菩薩也是如此，他之所以成為觀世音菩薩，是因為在過去無量劫以前，遇見一位觀音古佛教他修觀音法門。觀音法門就是慈悲攝受，以廣大的慈悲心攝受一切眾生。他藉由這個法門成就了他的願心，而觀音菩薩的願心就是尋聲救苦，以三十二化身，或者無量的化身來救度一切眾生，慈航普度一切眾生。

但不是每個菩薩都發這樣的願，如普賢菩薩有十大願，而地藏菩薩則是發了要度盡地獄一切眾生的大願。那我們自己呢？在修行的過程之中，如果看到哪一尊佛菩薩的願與自己相應，就選哪一種做為自己的法門。

另外，當下目前的願和長遠的、未來無窮際時間的願有一點不同。遠程的願心是最終的目標，就是成佛，但我們一定要從近程為著力；如果放棄了近程的目標，空談遠程的，修行就永遠不能著力。因此，我們首先要有一個著力點，以我個人來說，就是做一個出家人，這就是我的近程目標。

安住當下努力前行

我是一個凡夫，生在這個時代之中，環境隨時在變，生活也隨之改變，我們自己是做不了主的。但是有一樣可以，就是我一直要做一個出家人。即使在時代變遷的過程之中，因故無法再做出家人時，我還是發願：「今生沒有辦法做出家人，來生還是要做。」

中國大陸文化大革命時，出家人沒有寺院可住，沒有修行的環境可以修行，全部被迫還俗；有的人到工廠工作，有的人把握不住就結婚了，變成在家人。當佛教重新恢復時，那些結婚的人雖然能再來出家，但是他們的牽掛就很多了，不像沒有結婚、堅持過獨身比丘生活的人，那麼如魚得水，非常快樂自在。

因此，我無論在什麼時代、什麼環境，都堅持要做一個出家人。這個環境再怎麼變化，對我也沒有什麼太多的影響。佛教需要我做什麼，我就做什麼；佛教要我在什麼地方，我就在什麼地方；而我不管現什麼相，都是以出家人的心態來看這個世界、來過自己的生活。所以，雖然我人生的變遷很多，扮演很多不同角色，在軍中時是在家人、是軍人，留學時是學生或學者，與在家人生活在一起，但我的宗旨是無論扮演什麼角色，都是在做出家人的工作。在家人不是我自己要做的，而是時代環境的關係，但是我並沒有因此拋棄佛法。因此一生走過來，到現在為止，可以說都沒有脫節，出家人的本質、出家人的心態也都沒有變過。因為在任何狀況下，我只想到「佛法這麼好，知道的人這麼少，誤解的人這麼多」，所以做在家人也好、出家人也好，都在傳播佛法，呼籲大家一起來傳播佛法。

有人問我的志向是什麼？我除了終身做個和尚外，沒有其他的想法。我們在當下要有一個著力點，譬如現在你們做學僧，就應該盡好學僧的本分，如果放棄當下的著力點，有太多的妄想、太多的期待，幻想著要做一個怎樣的出家人，那你沒有辦法畢業，書讀到一半可能就不想讀了，因為你想要的東西在這個短程之中沒有出現。你想要過的一種生活、想要的一種地位、想要的一種身分，你要不到，最後就會選擇離開。離開了就自在了嗎？不會！

因為你還是會得隴望蜀，安定不下來。

很多人是「此山望見彼山高，到了彼山沒柴燒」，這是一種貪念，一種虛幻的妄想。經常打妄想的人，不能抓住現在，而不能在當下的身分、環境，好好踏實地努力。你說：「我將來要做大禪師，這是我的願心。」這是做夢，不是說想做大禪師就能做大禪師，而是要抓住現在、掌握現在、安定現在，一點一點踏實地往前努力。如此，不管將來是在哪一個位置、哪一個地方，都能有所成就。如果你不安於現在，老是在幻想哪個地方好、哪個位置好，那是在浪費自己的生命。未來都是在夢幻之中，不會真正的踏實。

我從來沒有想過會做禪師、會做法師、會做法鼓山的創辦人，就是在沒有找到金山這塊地之前，根本沒有想到要建一個道場。一切都是因緣的安排，也可以說是佛菩薩的安排，而我自己並沒有一定要做什麼。

——二〇〇八年三月十五日講於僧伽大學「創辦人時間」，刊於《法鼓山僧伽大學九十六～九十七學年度年報》

出家人的律儀

我們每天早課最後都要念「院訓」，這是我們與其他道場不一樣的地方。院訓一共分三段，內容簡潔扼要，如果常住大眾每一個人都能夠遵循，就做為一個出家人來說，應該很標準了。

這個院訓是怎麼來的？早期農禪寺原本有個譯經院，結束之後，我們就為譯經院的老師，還有農禪寺幾位出家法師開辦了研修院，名稱就叫作「三學」。三學就是戒、定、慧三無漏學；如果沒有三無漏學，就不是佛法，也不是佛學。一個佛教徒，特別是出家人，如果與三學不相應，就與正確、正信、正知正見的佛法不相應。

戒為無上菩提本

在《阿含經》裡說到有五種增上——信增上、戒增上、定增上、慧增上、解脫增上。意思是說，修行一開始要有「信」，信佛、法、僧三寶，信了之後就要依三寶修行，修什麼？修戒、定、慧、解脫。三寶中，以法為根本，以佛為源頭，以僧為基礎，它是我們信仰的對象。由三寶再發展出三無漏學、三種增上或五種增上，因為每天修戒、定、慧，信心一定增長，持戒也會日日增長，接著是定無漏學、慧無漏學，然後解脫，那就是解脫增長。因此，佛教離開了三無漏學的基礎，就沒有東西了。

信是根本，否則不可能進入佛法之門而修三無漏學。三無漏學是以戒增上為基礎，所以大乘經典裡說：「戒為無上菩提本，應當一心持淨戒。」如果沒有戒，我們修學的人就沒有基準、沒有榜樣、沒有標準！

戒主要是指生活裡的儀態，因此也叫作「律儀」。我們持戒，是從沙彌

（尼）威儀開始，目的是要做好一個出家人。如果沙彌（尼）威儀不具備，想要成為一位比丘（尼）就很困難；假如比丘（尼）的威儀不具足，對佛教是一種形象上的破壞，沒有辦法讓未信的人起信、已信的人增長，可以說是佛門的敗家子。所以，持戒是修行入門的第一個項目。

以倫理取代論理

沙彌（尼）究竟有多少條威儀？簡單的只有十條，就是沙彌（尼）十戒，廣泛來說，則所有比丘（尼）的威儀都應該遵守。威儀有行住坐臥四大威儀，在語默動靜之間都要合乎要求，與在家人、世俗人是不一樣的。

有些出家眾會說：「出家人也是人，為什麼在家人可以，出家人就不可以？這不是違反人權嗎？」如此說來，那在家人結婚、男女肌膚相親，還有抽菸、喝酒，吃魚、吃肉，出家人也都可以做嗎？南傳出家雖然有吃葷食，但有其時空因緣，我們大乘佛教的出家人絕對不可以。

雖然在家人、出家人都是人，但對在家人來說，只要不犯法的都可以做，而出家人除了世俗的法律要遵守之外，還要遵守佛法的戒律。在家人凡事要講道理、講理由，出家人不講理由，而要以佛法為依歸。其實一般人之間也不能太講道理，譬如我也常勸在家居士：「夫婦之間是『倫理』的關係，不是『論理』的關係。因為夫婦之間的界線、義務和責任永遠也講不清楚，應該是盡自己的本分來照顧對方，這就是倫理。如果夫婦之間還要講男女平等、夫婦平等的人權問題，這個家庭一定天天吵架、一定不會和諧。」

我曾經看過一個十來歲的男孩打他的父親，連打了好幾個耳光，這位父親並沒有打回去，也沒有吼他說：「你這個兒子有沒有道理呀？怎麼可以打爸爸呢？」反而笑一笑說：「下次打輕一點。」這樣的父親非常慈愛，如果回過頭就給兒子一拳頭，把他打得半死，就不是倫理了。倫理不是用法律或權力來處理問題，而是要退讓。不過，雖然對於他人的無理要退讓，但也不是一味地挨打，而是要用慈悲、用智慧的方式來處理。

所以，出家人不講理由，不僅不與在家人計較，彼此之間也不能老是講人權、講平等，或要求合理、公平，否則與戒律不相應。戒律是用來律己而不是律人，意思是只管自己，而不管別人有沒有遵行戒律，如果自己沒管好，卻老是看這個人破戒、那個人犯戒，拿著戒律去衡量別人，與人斤斤計較，這個人本身是不修行的，不能夠成為一個出家人。出家人如果這樣，就會經常起煩惱，煩惱這個人犯戒、那個人不守規約，而自己卻不受戒律的約束，這種人是地獄種子，在人間是沒有辦法待下去。所以，做出家人的第一要務，就是要把律儀持好。

向外伸張的人權與向內自律的僧權

但若是就我們所知道的戒律，發現某某人犯戒，不合威儀、不守規矩，還是要想辦法規範、勸諫他，因為團體需要大眾來規範，所以是依眾靠眾。僧團的事應由僧團來處理，如果有人犯了大眾的禁忌，就是犯了律儀，根本不願意承認，也不願意改進，這時就要用僧團的制度來約束他。僧團的制度就是羯磨，透過這個儀式得以懺悔、出罪。所以不是某某人犯了錯誤，就把他叫到方丈面前，請方丈罵一頓，就沒有事了，一定要用律儀來規範。羯磨就是在每月兩次的誦戒之後，自認為犯了錯誤的人可以公開表白，然後大眾再依犯錯的情節，按照戒律來處理。如果犯了錯不說，就是「覆藏」，有人剛好看到或聽到了，就要舉罪。覆藏比自己白罪、發露更加嚴重。

覆藏與發露是相對的行為，覆藏是犯了錯誤，自己不承認，他人舉罪也還是不肯承認；發露則是自己表白，自己說自己犯了什麼錯誤。至於發露的對象，則要看所犯的輕重。輕的罪，對一個人即可；如果是重的罪，就要對三個人以上；更重的話，比丘尼要向二部僧，比丘則要向一部僧來發露。

這在我們僧團就叫作僧權，僧團不講人權，否則會有衝突，僧權完全靠「自律」、「自治」，這在我們院訓裡也有說到。自律的意思是自己要規範自己、糾正自己，就是不犯；自治就是要處理，譬如誦戒的時候，自己要白罪，向大眾表白犯了什麼錯誤，願僧眾慈悲，而該怎麼處罰就接受什麼處罰。這就是僧權。

僧權與人權不一樣，現在社會非常重視人權，其實僧權要比人權更人性化。因為講人權，如果這個人說要爭取人權，另一個人也說要爭取人權，彼此之間就不平等，就會產生衝突。而僧權是絕對地從內心生起，自己發露懺悔，表白自己犯了什麼罪，願僧眾慈悲處理。因此在僧團裡，沒有不和諧的事，也沒有被舉罪以後，想要找機會、設個陷阱來舉別人罪的報復心態。如果有，就不是出家人，應該要還俗。這樣的人，心中有鬼、心中有恨、心中不平衡，不斷看人家的錯誤，而不看自己的錯誤，即使在僧團也待不下來，如果待下來，則是僧中的害群之馬。人家舉我的罪，有，則承認；沒有，就要這樣想：「雖然我自己認為沒有犯戒，可是既然有人舉我的罪，表示其他人覺得我的行為不合戒律，那就是犯了戒。」因此還是要接受。

應以德領眾，不以權服人

在家居士只要講威儀、儀表就可以了，而出家人不僅要遵守出家人的威儀，還要注意生活中各項的小節，此外，心中不能有不平衡，老是想要一吐怨氣，爭取平等、公平！既然出了家，就不要再行使在家人、世俗人的權力。

母權、父權、子女權，都是人權裡的項目，如果人人都講權，該以誰的為主？出家人不講權，譬如方丈雖然有職權，但他是為大家溝通、協調、服務，保護大家的，而不是來執行他的權威。過去叢林裡的方丈沒有經濟權、沒有行政權、沒有人事權，就是以他的品德來感動大家、帶動大家。如果方丈沒有品德，只是使用職權，會很麻煩！其他執事也一樣，每一個執事都有權限，但不能用，一定要用自己的品德來感動人，用服務來待人。現在在家人都是講權力，什麼職務就有什麼權力，只靠職權，這個團體就會慢慢混亂。因此，要請大家用律儀規範自己，而不要用律儀批評他人。老是要求其他人，我們這個團體就不是一個和樂的團體。

現在我坐的這個位子，並沒有權，這是清眾的、大眾的位置，在場每一個人的位置都與我這個位置平等。因為僧團的主人只有一位，那就是方丈，如果另外還有一個主人，那就如同皇帝之上還有太上皇，團體的領導和運作會有問題。

方丈退休以後，也就是退居，有兩條路可以走，一是離開這個道場，如果不離開，就要入眾、隨眾。一般人養老的地方叫作養老院，僧團裡就是稱為退休寮，他在僧團裡面，不用管事，不用負任何責任。如果再有什麼事要管的話，就是管好個人的本分事，因為他就是在清眾之中，而每一個清眾都有自己的一份責任！

僧團領導的人才，並不一定是腿子坐得非常熟練，幾天不起坐，而是要有愛護團體的心、維護佛教的心、維護三寶的心，對於師父的傳承有繼承的心，還有自己生活的行為和律儀沒有被人批評的地方。出家人就是出家人，認定自己是出家人，就要遵守出家人的生活規範、生活威儀，一點都不能苟且，如果真能做到，就是一個非常好的負責人。否則人家指指點點，被批評說出家人不像出家人，那就糟糕了。

在一個團體裡，我們需要有自律、自治的精神；以個人來講，我們不律人，但是在大眾來講，則要律人。有人犯了規矩，我們大眾就要處理，否則團體會腐化，不久就會消失了，這是非常嚴重的問題。

——二〇〇八年四月十九日講於法鼓山園區「早齋開示」，刊於《法鼓山僧伽大學九十六～九十七學年度年報》

接受合理與不合理

我們出家人一定要抱著這樣一個心態：沒有人做的事、沒有人想要做的事，但是需要人去做的事，我去做！

為什麼要我去做？

告訴大家一個我自己的故事。我在中華佛教文化館的時候，有一次在看經，我的師父東初老人看到了，便跟我講：「看經有什麼用？你看了再多的經，自己的煩惱不除，看經是沒有用的。來！到後面去！」到了後面院子裡，看到好多牆上打下來的破磚頭，磚頭上面還有水泥，他要我把水泥一點一點敲掉，「它們原來不是碎磚啊！因為被打下來所以變成碎的。你敲完後，把它們一塊塊拼湊起來。拼起來以後，有用！」

要把散落的碎磚拼成一塊，已經很難了，更何況是一堆磚頭！我一邊拼湊，一邊嘀咕：「這個磚頭，拼起來有什麼用處？」又想：「老和尚是非常清楚的一個人，他叫我這樣子做，一定有他的道理。」不過，既來之則安之，我把磚頭一塊塊湊對，最後只有少部分拼湊得起來，剩下都是破散的。我只好去向他懺悔：「師父，一部分湊得起來，但多半是湊不起來的。」

「我當然知道湊不起來呀！」他說。

「師父，您知道湊不起來，為什麼還要叫我做？」我問。

「我就是看你願不願意做！」他回答。

這是什麼意思呢？

出家人即便在一種不合理的狀況下，都能接受這個不合理的事實，這樣子，自己的慢心、驕氣、習氣，一向習慣的價值觀，就會改變。我今天能夠為人師，不是因為學問好，而是因為我們出家人的心、行，跟在家人是不一樣的。人家不能接受、不能忍耐的，我們接受；一般人習慣用投資的成本概念，我們不考慮這個問題。如果我們還是在家人的觀念、心態和行為，永遠也無法消融自己、感化自己，更不可能去感動別人。

在逆境之下，我們要調整自己的價值觀，即使在順境，我們的觀念、價值觀，也同樣要轉過來。譬如說，法鼓山現在都進行得滿順利的，如果我們的想法是：是我們有福報。假如這樣想的話，那罪過就很大了。對我來講，這個功德、福德都不是我的，是所有護持我們的人的。對任何源頭，我們都要知恩、報恩，怎麼報法？弘揚佛法、利益眾生，盡形壽、獻生命，就是報答眾生恩。

——二〇〇三年四月十五日講於出家體驗暨僧才養成班，刊於《法鼓》雜誌一六四期

3

僧伽大學　培育僧才

三學研修院院訓

● 本院以養成戒定慧三學並重之佛教青年人才為宗旨。

● 本院同學應具備清淨、精進、少欲、無諍、整潔、寧靜、和樂、自動、自律、自治之基本精神，益以互敬、互助、直諒、多聞、切磋砥勵、道業與學業並進，以達成研究與修持之崇高心願。

● 本院同學應惜常住物，熱心大眾事，除因公、上課、工作，不濫攀俗緣，不為娛樂及應酬外出，對所分配之工作應盡力盡責做好，以資養成福智雙運之美德及弘法利生之願力。

編案：在僧伽大學尚未成立之前，聖嚴師父便以法鼓山僧團為——「三學研修院」，雖不具學院形式，卻是將戒、定、慧三學落實於生活實踐中，於出家修道生活中完成戒、定、慧三學之研修。為此，聖嚴師父於一九七九年特別親撰「院訓」，以茲惕勵全體僧眾。如今法鼓山僧團每日早課後，全體僧眾必定共同誦讀一遍，以為勉勵。

本院以養成戒定慧三學並重之佛教青年人才為宗旨

當初我寫這個院訓的時候感觸很多，因為在寺院裡面修行的人，有兩種偏頗。一種是年輕的人來讀書、學佛，只知道從知識與學問上去追究，如果知識和學問不能使他們滿足，就會想離開。

另外一種，進入寺院以後，只是去做苦工、苦力、建築寺院、打掃寺院，以及應酬信徒、接引香火等工作。這兩種都有問題。

第一種是偏於學問、知識的，他們知道佛法，也知道佛學，但是沒有實修，自己本身的生命跟學問，沒有結合在一起的，是脫節的；如果是這樣，進學校就可以了，不需要出家，做一個居士也可以達到這樣的目的。

如果是第二種，就成為廟祝型的人，不是住持佛法的人才，無法把佛出世的本懷傳播給眾生，這是非常可惜的事。這不是我們出家人所希望的事，所以本院是以三學為標準。

所謂「三學」就是戒、定、慧。

「戒」簡單地說，就是在家人不做的善事、好事、修行，我們要做。在家人做的壞事，或世俗的事，我們不做。

「定」，就是實際的修行，打坐、拜佛、懺悔、念佛、看經。

「慧」是從戒、定而產生的。「慧」有兩種，一種是世間慧，一種是出世間慧。世間慧從知識學問而產生；出世間慧就是無我的智慧，也是無我而產生大慈悲的一種智慧，這一定要經過悟境才能夠達到。所謂悟，也就是自己從修持戒與定，而能夠轉變你的人生觀，或自己的人格。

我們希望能夠三學並重，進而達到養成健全的佛教人才。而且本院是以年輕人為主，沒有接受年紀太長的人來修學；如果有，我們也不會拒絕，但是另有不同的養成管道。

學僧應該具備的條件和態度

清淨

首先要從身清淨、口清淨，然後做到意清淨。身清淨就是不犯殺、盜、淫；口清淨就是不妄語、不惡口、不兩舌、不綺語。意清淨是不起貪、瞋、癡的心念，雖不容易百分之百做到，可以盡量做到。

身清淨最基本要做到我們的衣、食、住、行環境是清淨的，如果不清淨，我們自己的生活就是不愉快的；人家看到我們，就覺得這個地方沒有精神、沒有修行的氣氛。

口清淨是不兩舌、不妄語、不惡口、不綺語。搬弄是非就是兩舌，是非之地誰都怕，有是非的道場，自己住不下來，有人來了以後，也會害怕。妄語就是欺騙別人，以使自己得到利益，卻讓別人受傷、受損害，這都不清淨。惡口就是互相鬥嘴、破口相罵，如果有這種情形，兩個人罵，兩個人一起離開；一個人罵，這個人離開；這叫作不共住。

意清淨是不起世俗念及煩惱心，一旦發現起了世俗念及煩惱心，立即懺悔，自責己心，還歸清淨。

精進

精進就是盡自己的心力或體力來修行、辦道，自利利人。我們無一處無一時不是在修行，生活起居無非修行，甚至於吃飯、睡覺無非修行；常常檢點自己，注意自己在做什麼，這就是精進。

但是精進不是拚命，不是很緊張地用功，而是輕輕鬆鬆，盡自己的心力、體力，不斷不斷地鍥而不捨，這叫作精進；懈怠則是常常原諒自己，身體稍微有一點不舒服、不自在，馬上就想休息、想請假，不想上殿、過堂了。要知道，大家共同在一起修行，最能夠增長道心，眾人的心力加起來就是一個很大的力量，能夠使你轉變，所以要集體共同地修行。

少欲

凡是來出家的人，不要帶東西，不要帶錢，最好連心愛的衣服也不要帶，只要你一個人來；這樣子，第一，沒有後顧之憂；第二，進了常住以後，一律平等，彼此不會比較、計較。

進來之後也不准有私人的財產，如果有人供養你們錢也不准收，你可以說：「請供養常住。」對方如果說：「我一定要給你！」你便告訴他：「好！你給我，我還是交給常住的。」這樣子欲望才會愈來愈少，欲望少，才能夠安下心好好用功。

少欲才能知足，知足才能快樂。有了錢，很容易生煩惱，即使是俗家的錢，也不准用、不准要，既然出了家，俗家的財產就跟你沒有關係，如果俗家人要供養，就請他們供養三寶。

道場會負責大家的管教養衛，道場是由三寶來護持的，雖然師父自己並不賺錢，但是你們多一個人來就有一分福報，你們多一分修行就多一分感應；所以不要存錢，不要存東西。

無諍

僧團是和合僧，彼此之間沒有過不去的事，沒有意見上的衝突，意見溝通時，不堅持己見。如果發生爭論了，怎麼辦？戒律中有一條「如草覆地」，比喻地面有髒亂，就把草放上去，踩過去就算了；也就是說僧團發生爭論，不是找師父來評長論短，更不能找在家人來評論。有了爭論，彼此各退一步，以常住整體的考量、想法為準則，個人爭論的內容就不要再提了，就是叫作無諍。

整潔

我們的環境中的任何東西，一定要擺放整齊，不能凌亂。如果環境凌亂，我們的心也會凌亂。

寧靜

寧靜就是不會喧嘩、不會吵鬧，還有在拿東西、搬東西、開關門時，不會弄得乒乓響；走路要輕，吃飯的時候，碗筷不要有碰撞的聲音，當然更不會有吵架的聲音。

和樂

之前說到寧靜、無諍，那麼可能就會有人認為：「那好了！我也不跟他講話，他也不跟我講話，我們不講話就寧靜了，不講話就無諍了！」不是！寧靜不是不講話，無諍不是不來往，僧團師兄弟彼此之間要如同手足般親切，要互相照顧，互相體貼、體諒。

有和才能樂。如果經常把臉拉長，本來沒有煩惱的，也會煩惱，因為別人心裡會想：「他大概是生我的氣了！」或是「他是不是發生什麼問題？我還是別惹他，免得麻煩。」我們出家人見了任何人，臉上都要輕輕鬆鬆、和和氣氣的，這樣才會彼此一團和氣，心中愉快。

自動

所謂自動的意思是，雖然有些事不是我分內的事，但我看到了，就能舉手之勞把它做好，但這也不是要你整天婆婆媽媽的。如果每個人都有這種習慣，我們的任何事情，除了有人管理之外，還有大家隨時自動自發地去照顧。

自律

自律是非常困難的。人人都希望生活在一個如法如律的環境，看到別人不守規矩，知道那是不好的，可是臨到自己時，就有很多的藉口，自己原諒自己，這就叫作不知自律。自律就是要盡自己的力，做到團體所要求的規律。

自治

自治就是大家互相地治理自己。師父由於非常忙碌，往往沒有辦法跟你們在一起生活，但是有戒長的法師來照顧你們，和你們生活在一起，指導你們、輔導你們；但是戒長法師的人數畢竟不多，而且出家人應該要有獨立的精神，所以每一個人還是要學著自己管理自己。

直諒

直，就是心中不藏心機、陰謀。既然是來修行的，我們這裡多半是沒有這樣的人，但有時候反而直得太過頭，就沒有諒了。也就是心直口快，想講的就這麼講了，但是對方可能不能接受，會反彈，所以要迂迴一下，不直接和對方衝突，這就是諒。

諒也是諒解、原諒，例如我雖然不清楚對方究竟是怎麼一回事，但要想：「他大概有些什麼問題，也許是心理上、身體上發生了什麼事，所以我要諒解他。」「直」是對的，但是必須再加上一個「諒」，那才是圓滿的。

多聞

多聞是時時處處要多學習，但學習並不完全是從書本上的。來出家就像是剛出生的小孩子，什麼事情都要學，時時、刻刻、樣樣都要留心學習，這叫多聞。

你們不要說：「多聞，所以我要去學一部論，學一部經，我要成為大法師。」不對！現在要先從做沙彌、沙彌尼開始，包括烹煮、針線，先把這些生活上的基礎學好，以後才有可能成為大法師。

切磋

切磋是互相砥勵、互相勉勵、互相研究；也就是說，自己即使已有意見、想法，也會去請教別人。以我來說，我也不是萬能的，僧團裡的事，有時候我也不知道，你們之中有的人知道的比我多，所以我就會去問你們的意見，這就是叫切磋。

砥勵

砥勵就是勉勵。砥勵原來是指兩個石頭互相摩擦，把石頭上許多稜角磨掉，讓彼此變得光滑；由於互相摩擦，所以砥勵和切磋未必是愉快的事。良藥苦口、忠言逆耳，忠言本身就是砥勵，是苦的事；你接受的時候是苦的，但卻可以因此而有成長。

砥勵也是互相地督促，彼此互為諍友。你不好的地方，我要告訴你；他不對，我要提醒他；我不好的地方，也希望別人來勸誡。

但是，你不要專門砥勵人，拿著粗石頭磨人家，如同刺、刀、劍去戳人家，卻不要被磨。這是不對的！一樣也要讓人家來磨，這才是互相地砥勵。

道業與學業並進

道業是什麼？道業，處處都在修道；學業，處處都在學。學業，雖然我們也要學經、律、論，但學問不一定完全是書本上的，處處留心、時時刻刻注意，就是學問。

以達成研究與修持之崇高心願

研究是學問的，修持是屬修道的，這是你們諸位來這裡的崇高心願。

本院同學應惜常住物，熱心大眾事

常住的事、常住的東西，和在家人觀念完全不一樣。常住物不是你自己家裡的東西；大眾事，不是你個人的事。

很多人覺得出家前在公司裡做事，結果到這邊來也做一樣的事，心中就會有這樣的念頭：「我當在家人做這些事，出家了竟然還是做這種事，那我出這個什麼家啊？我還是回去算了！」對於這樣的人，我會說：「在家人吃飯，出了家以後還吃飯，那最好你出家以後就不吃飯了。」

其實我們出家人做事的觀念完全不一樣。在家人工作，是為了賺錢養家活口，是為了維持自己的生活而工作；但我們常住裡的事，你不是為了生活而做，不是為師父而做，也不是為你自己做或任何人而做，而是為成就修行的道場而做的。

法鼓山是成就人來修行、接引人來接受佛法的道場，是自利利他、弘法利生的地方；我們做的事都是自利利他、弘法利生的事。如果觀念能夠轉過來，你做任何事都會是愉快的，做任何事都是在修行。

承擔常住的事、大眾的事是修福，愛護常住的物，是惜福。常住物，不是你我個人的，而是十方施主來供養三寶的，是三寶物。三寶物來之不易，因為施主辛辛苦苦、流血流汗賺了錢來供養，我們要物盡其用，用到不能用為止，只要還能用，補補、洗洗、改改還要用。不要以為現在時代不同了，丟掉舊的，新的馬上來，這個觀念不能有，為什麼？因為物資得之不易，信施難消。

除因公、上課、工作，不濫攀俗緣

為自己的名、利而攀緣，稱之為濫攀俗緣。俗緣就是俗人的緣，包括俗家的人在內。諸位來修行，一攀俗緣，道心就沒有了，一天到晚在想哪個信徒家裡大概有什麼事了，娶媳婦、嫁女兒、小孩子滿月……，舉凡這些事你覺得都要去關心一下，如果這樣，我們還能修行嗎？

修行的人對俗人的事不要管。尤其是你們剛剛來出家，一有俗緣，就很容易跟著俗人跑。現在你們學佛法都來不及，還有時間、機會去攀俗緣嗎？

在道場，我們要接引信徒，而不是去攀緣。攀緣和接引是不一樣的，攀緣是老是在為自己的名利著想，希望對方給自己一些好處，幫自己一些忙，這不是接引，這是攀緣。我們出家人時時刻刻想的是，有什麼東西給別人，有什麼是可以讓別人得到利益的，這才是接引。

不為娛樂及應酬外出

不准外出看電影、不准參加娛樂活動。所謂應酬就是，過去在家時的關係，例如親戚、朋友、同學，他們有什麼事希望你能去一下；如果非去不可的話，尚未落髮的還可以去，落了髮現出家相的就不准去了。但是盡量從尚未落髮開始，就不要去。

對所分配之工作應盡力盡責做好

這一點大家多半可以做到，但仍然欠缺一點盡力的用心。自己分內的工作，不僅是師父要你做的，或團體分配你做的，而是自己修福修慧的機會，應該要用心投入，把這個工作做得求其善、美，處處想辦法改進、改善以求做得更好，那就叫作盡力了。

以資養成福智雙運之美德及弘法利生之願力

修福修慧、悲智雙運，最後才能夠弘法利生。如果我們沒有做到前面所談到的出家人的條件和態度，將來弘法利生的時候，就會受人批評。例如有人說「這個法師是不錯啦！講經講得很好的，但是……」，或是「這個人很苦心修行，但是……」。

如果這兩種只能選一種，哪一種重要？當然是修行重要，因為如果只會講經，其他出家人的心行、威儀不及格，那不如去做教授、講師，很多居士也會講，何必要出家呢？所以，要努力做到讓別人沒有機會說我們「但是……」。

到這裡講完了。師父很慚愧，講了這麼多，自己也未必已經全部做到，但是，青出於藍而勝於藍。我在教書的時候也是如此，經常對學生說：「我不是很好的一個學者，但願你們要比我更好。」「我不是一個修行很好的師父，但願你們能夠有很大的修行。」「我不是很懂得經教的人，也不是很了不起的法師，但願你們能夠成為全能的。」你們不要拿師父做標準，你們應該以我現在講的話為標準。

——一九八四年十月二十日講於北投農禪寺「早齋開示」，刊於《僧林悟語1——校訓與院訓》

僧大校訓——悲智和敬

悲——以慈悲關懷人
智——以智慧處理事
和——以和樂同生活
敬——以尊敬相對待

今天要和大家談談為什麼以「悲智和敬」做為我們僧伽大學的校訓？先談「和敬」這兩個字。「和」是我與人和，不是要求他人跟我和；「敬」

是我敬人，也不是要求人家來敬我。和敬，是僧團的準則，也就是「六和敬」。僧團一定要和、要敬，才能夠大家彼此助道，否則就失去僧團的意義。一個出家人如果不能和他人和睦相處、不能尊敬人，老是想到自己，老是想要伸展自己的想法、需求、理想，特別是伸展自己的私欲，那很糟糕！

尊重他人，以和敬為先

記得我小時候，有一次我的一個哥哥從上海帶了一串香蕉回家。因為路途遙遠，香蕉皮已經發黑，但因我年紀最小，所以分到完整的一根，我吃了一口覺得真好吃，又甜又香，從來沒有吃過這麼美味的東西！

那時我心想：學校裡的同學一定也沒有吃過，於是就把它帶到學校獻寶，也讓同學們高興，嘗一嘗這麼好的味道。可是因為同學很多，所以就不准他們咬，只准他們每人舔一口。舔著、舔著，舔到最後，有一個同學卻一口把它吃掉了，結果其他的人都很生氣，大家追著要揍他。這則故事是說，當自己有東西和大家分享的時候，大家都很和樂、很快樂，可是只要有人私心一起，想一個人獨吞，就會引起大家的不滿。

我把香蕉分給同學，在六和敬中稱為「利和同均」，類似俗話說「有福同享」。此外，我們難免會有和他人見解想法不同的時候，如果你說你有理、他說他有理，那就會爭執不下。

以佛法來說，眾生有種種性、有種種結，我們要和敬待人，尊重他人。尊敬、尊重他人的想法，並不是說不能有自己的想法，而是當自己有別的想法時，還是可以提出來，只是當其他人不贊成時，那就要妥協，尊重他人的想法。不過，有些人會反過來說：「那你為什麼不尊重我？」如果這樣堅持自己的想法，不尊重他人的想法，就不是和敬。我們應該拿和敬來要求自己，而不是要求他人，為了「和」，就要尊重他人的想法。

現代的人都很有主見，很有自己的想法，這並不是壞事。譬如我常和我們的執事法師們一起開會討論，通常是我聽了大家的想法之後，再提出我的意見。但是，有時候大家會說：「師父，你的想法是錯的，我們的是對的，我們大家都希望這樣。」那我就只有妥協，因為少數服從多數，我只有一個人，我就順從大家的想法。但如果確定我的看法比大家的好，我也一定會說出個道理來，讓大家心悅誠服，願意接受，如此就變成大家共同的意見了，我絕不會用高壓的手段。

因此，有好的意見，還是可以表達，說了之後如能讓人接受，那就變成大家的共同意見；如果說出來之後，大家仍不能接受，那就只好放棄。這就是「六和敬」中的「見和同解」。

利人利己，以悲智為根

再者，校訓中的「悲智」，就是菩薩的精神，行菩薩道就是要有智慧、有慈悲。「慈悲」是利樂眾生，「智慧」是斷除煩惱，自己少煩少惱，也讓眾生少煩少惱；自己不被煩惱所困是智慧，也讓眾生不被煩惱所困是慈悲。煩惱是從身心環境所產生的，我們不受身心環境的狀況所影響是「智慧」，也幫助眾生不受身心環境所影響而起煩惱是「慈悲」，這是菩薩行、是菩薩道。

「悲」、「智」、「和」、「敬」加起來，就是「菩薩僧」。以法鼓山為例，我們是大乘僧團，是菩薩的僧團，我們所現的出家相是聲聞相，但我們修的是菩薩行。大乘經典裡，就有許多現聲聞相、修菩薩行的大阿羅漢的例子。因此，我們的校訓——「悲智和敬」就是大乘的出家菩薩行，其中「和敬」代表出家的僧團，「悲智」代表菩薩行。

其實，「悲智和敬」這四個字，是所有出家菩薩都應該遵從的。而把它特別標明出來做為校訓，是我們僧大的特色，也是我們僧團的特色——要把我們自己培養成「出家菩薩」，現聲聞相、修菩薩行。

現聲聞相應該要「和敬」，修菩薩行應該要用「悲智」。要培養一個標準的出家菩薩，就必須用這四個字，這就是我們的特徵與特色。

——講於二〇〇三年二月二十五日僧伽大學「高僧行誼」課程，刊於《僧林悟語1——校訓與院訓》

宗教師的精神

所謂「境教」，是指環境本身就有潛移默化的教育力量，而我們法鼓山僧伽大學位於臨海的金山山上，有非常多的地理優勢。不僅風景好，空氣也很新鮮、陽光也非常充足，有山有水。雖然靠近海邊，但是聞不到海水的鹹味，也吹不到海風，即使偶爾有遊客、信眾上山，也不會受到太大的干擾。

另外，園區內還有兩條清溪環抱，一條從臨時寮前面順著山往下流去，另一條則是在大停車場外邊，順著地勢往外左繞後，兩條溪在法鼓山的入口處交會。

我們坐落的這座山，它的山勢從七星山拖曳而下，從空中鳥瞰，好像一條盤踞山嶺的龍。法鼓山在龍頭，大殿的位置是龍額，男寮、女寮及禪堂則在龍眼、龍耳上。山上還有一處活水源頭，泉水流到我們這裡時就變成溪流，終年都不會枯竭，總是有水不斷地流到太平洋裡，尤其下雨的時候，水流特別豐沛。而我們法鼓山的法脈就像這泉水一樣，紛紛流到世界各地。這個地方地靈而人傑，人傑而地靈，彷佛已經等待我們很久了。我們來這裡建法鼓山，也盡量維持此地原來的風貌，不做大的破壞。

和其他的道場比較，我們這邊的環境有它的優勢、好處，其他的佛學院，在山上的，環境非常局促，在平地的，又成了觀光旅遊的景點，非常吵雜。而我們這裡山勢寬闊，會來這裡的也都是想修行的人，即使是參觀，也是和我們推動的宗教文化教育事業有關的單位。

除了環境好之外，我們還有另外一個優勢，那就是師資。我們的師資都是最好、最優秀的人才，其中有從中華佛學研究所畢業的，也有在其他地方擔任教育工作的，有些還是佛研所的老師。在臺灣，老法師之中最早取得博士學位的人是我；年輕的法師之中，雖然恆清法師比惠敏法師早一些取得博士學位，但就男眾來說，最早取得博士學位的就是我們的副院長惠敏法師。

此外，僧大跟佛研所的資源是共享的，將來的法鼓大學也是一樣。所以，雖然目前我們只是一個佛學院，但我們的視野非常開闊。還有，我們每一位學僧的素質都很高，目前我們已經有兩屆的學僧，其中有很多是大學畢業、有的還是碩士畢業，而且我們在招生方面是講求寧缺勿濫，所以能夠進來讀書的同學都非常優秀，都是本院認定的龍象人才。

以培養宗教師為宗旨

另外，我們的教育方針相當明確，傳統的佛學院目標是把出家人的素質水準提高一些，懂得一些佛法、佛學名相而已，畢業後多半就到寺院當執事、當住持，照顧信眾。像這種情形，在我那個時代就是這樣，而我們佛學院的宗旨非常明確，就是要把諸位訓練成宗教師。

宗教師和住持、法師不同，簡單地說，宗教師不但要有法師的條件，還要有住持三寶的條件；也就是要有佛學的基礎，以及維持寺院道場的能力。

以上這兩個條件，一般佛學院都可以養成，但做一個宗教師，除了這兩個條件之外，還要有大悲願，也就是「不為自己求安樂，但願眾生得離苦」的胸懷與精神。

不過，這句話人人都會講，但光用嘴巴講沒有用，重要的是實踐。實踐的方式，就是奉獻我們自己，成就所有一切眾生，這也就是菩薩行——成就眾生，莊嚴國土。成就眾生，使得眾生少煩惱、少痛苦；莊嚴國土，使得我們這個世界的環境能夠淨化，不再惡化、受汙染。

以玄奘大師的精神為典範

玄奘大師就是宗教師最好的例子，他一生都不為自己求安樂，他到西域的目的，一方面是為了取經，另一方面則是為了學習梵文。因為他看到當時翻譯成中文的經典不完備，相信印度還有許多佛典沒有被翻譯過來，而且因為之前翻譯經典的大多是印度人，但又不是每個都像鳩摩羅什那樣精通漢文，所以每次都必須通過再次的翻譯才能把佛經翻成漢文，為避免多重翻譯而失去原意，所以玄奘大師想學習梵文。

但是以前去印度並不像現在那麼簡單，買一張飛機票，幾個小時就到了，其困難實非我們所能想像。有一部章回小說《西遊記》就是在描述唐僧赴西天取經，一路降魔伏妖，經八十一難，終成正果的故事。雖然那只是神話故事，但我們看玄奘的傳記也是一樣，可是他總是不畏艱難地不斷學習、不斷成長，一直到六十多歲往生才停止，只有宗教家才有這樣的精神！

宗教家雖具有冒險家、探險家的精神，但是他的目的不是為了好奇探險，而是為了求法，為了眾生的利益。譬如我們看到西方宗教有許多傳教師到臺灣或非洲等蠻荒不毛之地和當地的人生活在一起，教當地的人讀書，替當地的人看病，為當地的人服務，再把天國的福音告訴他們，讓他們得到平安、和平相處。這就是典型的宗教師的精神。

漢傳佛教中的宗教師比較少，至於我們常聽到的「行腳僧」，往往是為了自己參方求道而去行腳，並不是為了眾生求。所以，他們大都是沒有大悲願心的自了漢，不過也有極少數例外，譬如虛雲老和尚。

虛雲老和尚行腳的目的不是想要找什麼，也不是要見什麼異人，他每到一個地方就發一個願——要把那個地方的道場恢復起來，完成之後，又到另一個地方去。所以，虛雲老和尚雖然看起來也是一位行腳僧，但是他的心態和其他人不一樣。

行腳其實很簡單，東掛一單、西宿一夜，拿了一個缽，掛了一個出家人的招牌，到處化小緣混飯吃，日子一定過得下去，但是就這樣一直到死為止，一生便混過去了。如果是心中老是想到自己要有成就而去行腳訪師參學的，可能會在路上遇到一些外道、鬼神，我知道許多人就因此成了外道鬼神的工具，這樣子行腳是開不了悟的。

在古代禪宗，一定要開了眼、得到一個進門處之後，才能夠出去尋師訪道，否則只是到處亂闖、浪費生命。所謂「開眼」，是開智慧眼，禪宗稱為「見性」。見性並不是人人可見，以釋迦牟尼佛時代來說，雖然見性的人很多，成就阿羅漢的人也很多，但比例上，還有更多的出家眾沒有見性、沒有證果，還是一個凡夫，那這些還沒有成就的人仍要持續地修行。

在印度有一種風俗，就是一旦拜誰為師就終生跟著這位老師學，譬如釋迦牟尼佛的弟子即稱為沙門釋子，他們就跟著釋迦牟尼佛學法，從來沒有自己出去成立一個教團的。而釋迦牟尼佛的幾個大弟子——目犍連、舍利弗、大迦葉，他們在跟隨釋尊之前，都已是很大團體的領導人。當他們學佛了，他們的弟子也就一起跟著學佛，從外道變成佛弟子，而不會離開老師獨立。老師過世了，則由第二代的弟子領導，如果有好幾位大弟子個別領導，派系就出現了。有上座部的、大眾部的，分到最後二十個部派，但二十個部派還是部派，並沒有變成兩百個、四百個，還是跟著老師學，並沒有離開老師自己獨立去學。

我不認為自己是個學者或是事業家，我只承認自己是一個宗教師。宗教師不畏艱難、不怕失敗，他從不為己求，而是為信仰、為眾生，毫無條件、毫不保留地奉獻自己，隨時隨地有人要什麼就給什麼，知道的、懂得的一定傾囊相授。而學者不是，有些學者怕學生超過老師，總是會留一手，就像武俠小說裡的武術家，為了保命，在教徒弟的時候總是會留下最高明的一招，否則如果徒弟有什麼野心想要反叛，那就糟糕了！

宗教師沒有任何保留，連生命都不保留，就是為眾生、為三寶盡形壽而奉獻。我們僧大的宗旨是培養宗教師，所以要朝著培養宗教師人才的路走去。經營寺廟是小事情，只要願意經營，稍微教一下技巧，就會經營了。可是，宗教師是自己發願、自己學習出來的，不是光給你技術、技巧，就能夠做宗教師，一定要從內心發悲願心。不管過去你們是發什麼心，即使不正確也沒關係，進僧大以後，我希望你們要發心做一個宗教師，乃至由宗教師變成宗教家。

以人格、功德來影響他人

所謂宗教家就是偉大的宗教師，但我們不要一開始就先想到自己偉大不偉大，什麼叫作偉大呢？有名的人就是偉大嗎？如果是臭名，是沽名釣譽或名不副實的虛名、浮名，這種名聲和偉大根本扯不上關係。

所謂偉大，是指影響力，如果能以你的人格、功德來影響別人，他人也因你的影響而得到幸福、快樂、平安，那你就是宗教家；如果少數的團體或是一個地區的人得到你的功德、你的利益、你的奉獻，那是一個宗教師。

有一些歐美來臺灣的神父或修女，他們到臺灣一住就是四、五十年，即使老了也不回去，雖然他們的外表是西方人，但他們說的話卻是中國話，甚至於是原住民話、閩南語，他們的心已和當地人結合成一片，這種人就是宗教師；如果能夠進一步影響一個國家、一個時代，那就是宗教家。

請大家不要狂妄，一下子就說自己要做宗教家，認為說：「要做就做大宗教家，宗教師我是不做的。」你們現在才剛剛起步，如果有這種心，恐怕連宗教師也做不成，更不用說宗教家。頂多是個吹牛大王，到處招搖撞騙、爭功好名，對人毫無益處。

修行要從小處著手

像我發願成為宗教師，卻沒有想過會成為大人物、會出名，也沒有想過會影響多少人，只是盡心盡力而為。有因緣在我面前走過，我就抓住這個因緣奉獻，絕不放棄，然後努力奉獻。如果有機會讓你奉獻，你還嫌：「小奉獻我不要，要做就要做大奉獻。」那我告訴你：「小的不要，大的也不會有！」因為你根本沒有準備好，就貿然承擔，那不僅自害也害人。所以，要從小處開始，不要挑三揀四，不屑去做。

像臺北亞都麗緻大飯店的總裁嚴長壽先生，他高中畢業後，就到美國運通公司做小弟，替人家倒水、看門、掃地、收垃圾。空閒時間，他要人家教他電腦，人家拒絕他：「電腦很貴的，不是像你這樣的人學的……。」他沒有辦法，就想：「沒有人做的事，我來吧！」結果，每當有人要下班、休假而事情又沒處理完的時候，他就說：「你教我，我可以代班。」那些人為了要下班、休假，就很熱心地教他，他也很努力學習，把英文、機器等各種技巧都學會了，以後工作沒有人做，他就幫忙做，公司的業績也愈來愈好。雖然上級嘉獎的仍然是那些人，但他也因此學會許多技能。

不過，上級也漸漸注意到這個小弟很盡責，大家都下班了，他還在那邊工作，大家都還沒有到，他又已經上班了，而且他的能力很強，不僅英文好，技巧也不錯，於是就給他陞職。升了幾次，沒多久就當上了美國運通公司的臺灣區總經理，那時他只有三十來歲。而他可以當到總經理的主要原因是：「人家不做的事，我來做！」這是非常重要的。

放下身段，沒有階級

現在的人，多半是人家不做的事，我也不做；人家要做的事，搶著做。不然就自恃所長，認為叫自己倒茶、掃地，是浪費資源。如果你有這種念頭，那真的沒希望了。我們出家人，任何一樣事都可以做，尤其是宗教師，見到有人病了，你就要做看護；有人沒飯吃，你就要煮飯給他吃；有人衣服破了，你就要幫他補衣服；有人不識字，你就要教他念書；有人不會種田，你就要教他種田……。總之，宗教師就是：凡是沒有人做、需要人做的事就去做。這也是我今天一再強調的一句話：「需要人做、正要人做、沒有人做的事，我來吧！」

許多人一窩蜂要做的事，你不要去湊熱鬧；沒有人做，但是需要人做的事，你反而要搶著去做；這是宗教師的基本心態。宗教師沒有身段、沒有階級，不要認為自己是碩士、是博士、是法師，認為做這些真是糟蹋人，不可以有這樣的心態，要把身段放下來。

有一次，我看到一位年紀輕輕、身體壯壯的法師正在指揮一群太太搬書，看那些女眾長得瘦瘦小小的，還要搬一大捆、一大捆的書，於是我就過去幫忙搬。結果那位法師說：「法師怎麼可以搬？讓他們搬就可以了。」我說：「讓我修修福吧！法師也可以搬，我曾經搬過米的。」後來，這位法師不好意思，也動手幫忙。實際上也是如此，我們出家人，不要高高在上，一副自以為了不起的樣子，認為自己是堂堂一位法師，怎麼能夠跟他們一樣搬東西呢！法師也是人，為什麼不能搬東西？到現在為止，除非身體實在不好，有些東西我還是自己搬、自己拿。所以，請大家做宗教師，不要做老爺、做千金小姐，出了家就都是大丈夫。

男女二眾皆平等

最後，有幾點我還要再跟諸位叮嚀。首先，就是男眾和女眾彼此之間要保持距離，除了接觸的距離外，還要保持感情的距離，避免一男一女兩個人互動。

其次，雖然我們的社會一向是重男輕女，過去的團體向來也是重男輕女，南傳佛教地區，他們到現在還是輕視女性的。其實就原始佛教來說，男女眾的修證次第相同，證果上也相同，男眾可以證阿羅漢果，女眾也可以證阿羅漢果，只有到大乘佛教的時候，才有女眾不能成佛的講法。但是在《法華經》中，有「龍女成佛」的典故，龍女不僅是女眾，還是畜牲，這不僅解答了女眾能否成佛的問題，也解答了畜生道能否成佛的問題。

原始佛教裡，修證次第、修證的果位，男女是平等的，大乘佛教到了《法華經》時也平等了。所以，在我們今天這個社會，不能有男尊女卑、男高女低的觀念。我們是依職務的層次，而不是以性別來論高低。

在場的男眾菩薩們，你們大概不是大男人主義，包括師父我都不是這樣的人；在我們團體，男女是平等的。在職務上是服從職務的層級，在平日則是按戒臘的高低，所以男眾不要自以為了不起，總覺得自己高人一等，應該受到優待、受到特別的重視和尊重，反而要尊重女眾；而女眾則不要太依賴男眾，認為有粗重的事一定要叫男眾做，我們女眾的人數多，則不妨多做一點事、多盡一些責任。當然，女眾也不要認為：「我翻身了！」而自恃自驕。

——二〇〇二年九月十一日講於僧伽大學「新生講習」，刊於《法鼓山僧伽大學九十學年度年報》

大善根　大福報

首先，我要恭喜諸位成為法鼓山僧伽大學佛學院的第四屆新生。其次要恭喜你們，發願選擇走上「出三界」的路，這需要大善根、大福報，才能做這樣子的選擇，因此，諸位要珍惜這出家的心願和因緣。

第三還要恭喜你們選擇到法鼓山僧團來出家，這也是明智的選擇，可以說是福德因緣讓你們能夠成熟這樣的心願。臺灣的寺院相當多，你們選擇到法鼓山來，法鼓山也選擇了你們，換句話說，我們在選擇學生，你們也在選擇道場。也許你們進來之前，並沒有經過多少時間考察、比較、研究，就自然而然地來報考法鼓山僧伽大學，這也可以說是你們的福報。

終身受教育，終身從事教育

那麼，在法鼓山出家有什麼好處？在法鼓山出家，除了一方面是準備接受終身受教育之外；另一方面，則是準備終身從事教育的工作。雖然也有其他道場辦佛學院，但有一點不相同之處就是，受完教育以後，不一定能從事教育工作。但是，凡是在法鼓山出家，就是終身受教育、終身從事於教育工作。原因是，推動全面教育是法鼓山的一大使命，除了佛學院教育的「大學院教育」，法鼓山還從事「大關懷教育」、「大普化教育」。

「大關懷教育」，是以佛法為社會的苦難進行援助、慰問和鼓勵，也就是用佛法來幫助人，達到關懷的效果。法鼓山對災難的關懷，並不僅是給予飲食、衣服、醫藥或者助學金，而是必須在物質的幫助之外，還運用佛法來協助他們。相較於物質的救濟，佛法的救濟是最好的、最根本的幫助。物質的救濟是一時間的，不是根本的，更何況物質的幫助，永遠沒有辦法使得人覺得滿足；用佛法關懷，則可以讓人得到平安，所以關懷就是一種教育。舉例而言，在進行臨終關懷時，除了祝福臨終者往生淨土，實際上也是在對其家屬進行佛化教育，這就是關懷教育。當我們從事教育工作時，我們自己同時也是在成長。

所謂「大普化教育」，普化的意思就是帶著其他人一起來修持戒、定、慧三學，譬如舉辦菩薩戒、梁皇寶懺、大悲懺、念佛會、禪坐會，這些都是普化教育。舉辦這些活動時必須賦予教育功能，否則就和一般的燒香、拜拜儀式相同。也就是說，從事這些工作時，必須朝著提昇自己的人品，同時建設人間淨土的方向去努力。法鼓山是一直默默從事教育工作的團體，所以你們來到法鼓山出家，這是第三個恭喜！

出家是發出離心、修菩薩行

第四個恭喜，是恭喜你們發出離心、修菩薩行。這有什麼好處？一位在家人不論有錢、沒錢，有地位、沒地位，有名望、沒名望，總是有著許多的牽掛和煩惱。錢多位高的人，通常反而是最沒有安全感的：當股市上下波動時，有錢人特別緊張，害怕自己的投資付諸流水，還害怕因為太有錢而遭到綁架；有地位的人，因為害怕遭到暗算，身邊總跟隨著安全人員，沒有隱私、沒有自由。有錢、有地位的人，雖為一般人羨慕，但實際上不一定過著快樂的生活；身為出家人，能遠離種種世俗的糾葛、糾纏。此外，在家人很少想到死亡的事，而出家人知道每天皆處在無常的邊緣，做晚課的時候有個〈警眾偈〉：「是日已過，命亦隨減，如少水魚，斯有何樂？」這就是無常觀。

有無常的警覺心就不會放逸，隨時會提起道心，遇到困難、麻煩的時候，就能心平氣和地面對、接受、處理乃至放下，因為知道任何事本來都是無常的。或許，你今天上午身體還是健康的，下午可能就感冒了；或是昨天還好端端的，今天可能已經進了殯儀館，這是無常。如果能隨時隨地提起無常觀，煩惱就會少一些，對自己的執著也不會那麼強烈，對其他人自然會產生慈悲心，這樣子才能生活在快樂之中。為什麼？因為能時時提起無常觀，那就是得到法的利益，就會有法的喜悅。

將「悲智和敬」在生活中運用

除了上述的四個恭喜之外，我還要勉勵諸位，來僧大就讀，應知道僧大校訓是「悲智和敬」：悲是「以慈悲關懷人」，智是「以智慧處理事」，和是「以和樂同生活」，敬是「以尊敬相對待」。不管諸位是新生或舊生，都應記得這四句話，並將之運用在生活中。舉例而言，當和他人相處時，如果發現自己的態度不好，就趕快念「以尊敬相對待」；如果和他人有摩擦，就想到「以和樂同生活」；當遇到狀況、發生事情時，就要「以智慧處理事」；如果是他人對你不好，就應該「以慈悲關懷人」——不要認為他對你不好，你也就不對他好，如果這樣，就是不慈悲了。對方對你不好的原因是他有狀況，有狀況的人就如同生病的人，是需要關懷的，所以應該要「以慈悲關懷人」。請諸位牢記校訓，時時用它來檢視自己的言行舉止。

——二〇〇四年九月二日講於僧伽大學「新生講習」，刊於《法鼓山僧伽大學九十三～九十五學年度年報》

發願做一個宗教師

今天是法鼓山僧伽大學佛學系、禪學系及僧才養成班的新生訓練及講習。首先要告訴大家，法鼓山是一個佛教的團體，是一個佛教的教育團體，是一個為了培養宗教師人才的團體。因此，法鼓山是屬於教育性質的，而不單純只是一間寺廟。法鼓山在臺灣是非常特殊的，既有宗教的功能、有宗教的生活、有宗教的任務；但是，主要是辦理教育的。

宗教師與大學院教育

我們的教育一共有三大項目：第一是大學院教育，第二是大關懷教育，第三是大普化教育。普通的寺廟或一般出家人，所做的多是普化教育，例如辦法會、做佛事，或是接待信徒這類信仰的功能。法鼓山三大教育則主要以「大學院教育」為基礎，教育、培養出來的信眾居士，希望他們要用法鼓山的理念、方法或思想服務社會，致力於淨化人心、淨化社會。至於培育出來的出家眾，則可以進入大學院教育體系擔任教師，或是經營、管理佛教弘化推廣，以及從事社會救濟等工作。

宗教師與大關懷教育

我們稱救濟事業為「大關懷教育」的，例如：重大的災難、災禍發生，以及社會上突然發生的流行病情、疫情，我們都要關懷。最近臺灣社會自殺的風潮愈來愈嚴重，我們就投入關懷生命與舉辦防治自殺活動，這就是關懷教育，關懷社會苦難的人，幫助他們解決問題。

關懷活動為什麼要由宗教師來做？因為，宗教師做這些事是沒有條件、不求回饋，而且用全部的時間、全部的生命投入；因此，三大教育中的每一項教育、每一種領域，宗教師都有奉獻的機會。

宗教師與大普化教育

我們的「大普化教育」雖然也有以法會的形式呈現，可是要以法會的形式讓大家感受到修行的功能與利益，並且得到佛法的受用，不僅僅只是參加法會，同時也是在修行「戒、定、慧」的生活方式，這就是教育的功能。我們做的任何一件事，都要具有教育功能，無論舉辦法會、講經、著述以及發展文化事業，都是具有教育的功能。

所以，我們做大關懷教育，不僅僅是布施錢財、食物、衣服、房子等濟助，還要給予佛法的觀念和方法，這樣才能讓大眾在得到物質救濟的同時，在心靈上、精神上也獲得啟發與提昇，這就是我們所做的關懷教育、普化教育。如果沒有教育功能，只是做關懷，不能稱為教育。另外，大學院教育不只是教授知識、學問和技能，也一定會兼顧心靈的、精神的教育。這樣，法鼓山體系的三大教育，全都擁有「心靈環保」的功能，也就是用佛法來淨化人心、淨化社會的功能。

成為宗教師的大願心

因此，我們僧伽大學的同學接受了兩年的僧才養成班、四年的佛學系，或是六年的禪學系教育之後，就必須要負起宗教師的責任。否則，只是在這個地方生活了幾年以後，又回到自己的「本來面目」去了。也就是說，不能擔負起宗教師任務，就沒有達成僧才教育的目標，也可以說這幾年的教育是浪費了。這個浪費，可能有人認為是占了便宜，但實際上是吃了虧，因為自己的福報一下子享完了；而這些福報是由十方信施供養的環境、物資，以及各種各樣的設備。若只是享受權利，而沒有善盡義務，從因果上來說是負債的！所以，我勉勵諸位同學們要立一個志願，也就是要發一個大願心：「我一定要做一個宗教師。」

當我在日本留學時，我的師父東初老人在經濟上很少支持我，但是我非常感恩他。東初老人對我最大的鼓勵是兩句話：「寧願你做大宗教家，不要做大宗教學家。」所謂「宗教學者」和「宗教家」是不一樣的，宗教家是宗教師的任務及功能，而宗教學者或宗教學家是研究學問的人。宗教學者雖然對宗教學問有貢獻，但對整個社會而言，他的貢獻不能普及，只有少數的人受影響，不能救很多的人。所以，我在日本求學時，將這兩句話當成圭臬、座右銘，貼在房間的牆壁上，天天都看這兩句話。

我也想勉勵諸位僧伽大學的同學，能朝這方面思考。因此，雖然學問不是很重要，但是要有學問的基礎，不能不知道「三寶」、「三毒」、基礎佛法的修行、方法與觀念，對法鼓山的理念及發展方向都不知道也不行。所以，諸位對於各種課程都要盡量地學習。本校課程的安排，是經過漫長時間的規畫，思考著要如何才能夠將諸位同學從一位在家人，訓練成威儀堂堂的出家人。身儀、口儀、心儀都要訓練，然後才能成為一位宗教師。

以修行方法和觀念奉獻世界

剛才提到宗教師所要具備的條件，就是要從事三大教育中的任何一項工作，而且勝任愉快。否則光是求學問或是做慈善家都不夠好，一定要做一個非常優秀的宗教師。法鼓山辦學的目標，就是因著諸位同學而實踐，並且達成目標，這對我們這個時代、對這個世界，都是大貢獻。

法鼓山為什麼會有這麼多的信眾來支持？就是因為我們的理念很清楚，辦學的目標非常值得支持，所以才能這樣推展。如果僧大的同學畢業之後沒有一位人才，或只有幾個人對佛教有顯著的貢獻，那就浪費了我們的資源。對佛教貢獻，實際上就是對世界、對社會的貢獻。而佛教對世界、社會的貢獻是什麼？並非僅是成為出家人的樣子就叫作有貢獻，而是要拿佛教修行的方法與觀念來幫助世界，讓世界因此而改善，那才是佛教的貢獻。因此，我今天用以上的話來勉勵新入學的諸位同學，要做「三大教育之中的宗教師」，而這三大教育則是以心靈環保為主軸。阿彌陀佛！

——二〇〇六年九月十二日講於僧伽大學「新生講習」，刊於《法鼓山僧伽大學九十三～九十五學年度年報》

隋唐第一流人才在佛門 二十一世紀菁英也是

僧伽大學佛學院是為培育德學兼備、解行並重，具有高尚宗教情操、洞悉新時代需求，並能帶動社會淨化的僧才而創辦的。成立兩年來雖然只有漢傳佛學院的一個系，和培養世界各系統正信佛教僧伽人才的理想尚有一段距離，但是和其他學校一樣，開創階段總是人才輩出，學生的天地都很廣大，所以能夠進入法鼓山僧大的同學都是有大心懷、有大福報的。

僧伽大學目前正在招收九十二學年度的學生，我希望有意願以出家身利益廣大眾生的年輕人，能來報考，因為做任何事愈早愈好，釋迦牟尼佛二十九歲出家，我自己是十三歲出家，在大陸時的出家人，多數都是年紀很輕就出家了；今天在西藏的喇嘛教育，也是從青少年時代培養起來的。

修行出家愈早愈好

在中國佛教的禪宗史上，有大成就的高僧，大都是在年輕時代打下了深厚的出家生活基礎。年過三十五，就已過了青年階段的黃金時代，若非體力、心力、毅力過人，得大成就的便少了，所以我鼓勵優秀的青年，把握因緣，出家愈早愈好。

法鼓山的僧伽大學，目的不在於培養大學問家，而是要培養大宗教家，也就是要培養真正能夠住持正法、弘範人天的人才，要在正知正見的正法律中，養成戒、定、慧三學並重，身、口、意三業清淨的大善知識；從身、口、心三種儀態的熏陶，完成高品質的僧格，方能負起淨化社會、廣度眾生的任務。

隨順因緣為佛法做舟航

到僧大就讀或出家之後，如果只是想到個人自我的出路或利益，就不能成為大善知識了，發菩提心，是為眾生得離苦，不為自身求名利，是將自已奉獻給三寶及眾生，養成健全的僧格，便能做眾生的舟航，所以出家人要以修學佛法的慈悲和智慧給眾生做依靠。我們希望佛法普及化，就要培養出家人可以用生活化的、人間性的佛法，通過簡明的表達方法，幫助廣大的眾生離苦得樂。

所以，在僧大的學生，不比社會的經歷，而是要求「道心第一、健康第二、學問第三」，在老師的教導和環境的熏習下，陶冶出身儀、口儀、心儀都很標準而受人尊敬的出家人，深明因果的道理，相信福德因緣，自己哪一方面的因緣夠就做那一方面的事，如果福德因緣夠，做什麼事情都做得起來；福德因緣不夠的怎麼碰它也不會成就，所以我希望學生能夠精進不懈，隨順因緣為佛法做舟航，以利人為利己的最佳選擇，《楞嚴經》「將此深心奉塵剎，是則名為報佛恩」，也唯有以身心奉獻，現出家相，才能徹底做到。眾生需要佛法，佛教需要培養青年的出家人才。這也正是法鼓山僧伽大學的辦學宗旨。

為改善現狀盡心力

假如希望社會以及自己都有光明的未來，歡迎進入法鼓山的僧伽大學，僧大四年完成宗教師的基本教育，畢業時的學生都是出家人，合適的人可以進入法鼓山中華佛學研究所進修或出國留學深造，或者進入法鼓山僧團，無論往哪個方向發展，出家的人才，服務的對象，都是非常廣泛的，不是僅為一家公司、或一個家庭，而是為整個社會，甚至是為整個的世界人類，因為我們做的，就是把佛法的悲智傳播給世人。那便是為提昇人的品質、建設人間淨土，盡一份心力。

——刊於《法鼓》雜誌一六〇期

我對「出家體驗暨僧才養成班」的想法

「出家體驗暨僧才養成班」的開辦，有其背景因緣。過去由於僧團空間及年齡門檻的限制，對於有意前來出家的人無法充分接納；現在法鼓山的硬體建設及制度規畫已臻完備，因此除了開辦僧伽大學招收年輕學子之外，並且另闢一個體制，推高年齡上限、放寬學歷要求，凡五十歲以下的成年人（男眾需服畢兵役），無任何訴訟、財務、情感等糾紛，身心健康，無不良嗜好，有意試發終身出家悲願者，都有報名資格。

出家是出離自心的牢獄

如果以「在家」的眼光來看「出家」，其實很不容易體會箇中真義。一般大眾對出家人的認知，常止於誦經、拜佛、打坐、早晚課等等外在行儀，或者如中國舊小說中所塑造的隱姓埋名、青燈古佛、與世無爭的山林逸趣，這都不能涵蓋出家的真貌。

真正的出家，除了出離了原來的家，不再擁有一己的眷屬、財產、事業、名利之外，更重要的是，出離了自我束縛、畫地為牢的內心。比如，一般人常講「這是我的想法」、「這是我的意願」、「這是我的權利」……，以「我」的立場來看待外境、與人互動，那麼，對立就產生了。對立一產生，人我壁壘分明，即使一貧如洗的乞丐，也都還要緊緊看牢了手上的那隻碗、那根棒子，以及肩上的那只揹袋，因為那是「我」的。然而，同樣是一缽千家飯的出家人就不同了，一切來自十方，一切歸於十方；棲身居所、日常用物，都不屬於個人，而是屬於團體，不僅屬於眼前的團體，也屬於佛教的全體，這就叫作「僧團」。

在僧團裡，個人是非常自由自在的，因為不需要擁有任何東西，但任何東西都有了。比如，我們的僧團有一百多人，一百多人共同擁有僧團的財產，只要一個人有飯吃，大家都有飯吃，只要一個人有衣穿，大家都有衣穿；因而心力不需罣礙於小小自我上，而可以放眼在芸芸眾生上。對一個修行人而言，處處無家處處家，這就是出家。

做個有悲願的出家人

我常常講，佛教並不缺少出家人，但是缺少有悲願的出家人。悲願是不與知識、學歷或經歷成正比的。所謂有悲願，就是能夠將自己奉獻給三寶，以此來幫助眾生。修學佛法是為了奉獻佛法，出家是為了以法供養人群，如果沒有悲願而出家，不單對社會毫無貢獻，對佛教更會形成負擔。所以我希望進入「出家體驗暨僧才養成班」的人，將來都能成為有悲願的出家人。

出家人最重要的是能夠「放得下，挑得起」，放得下自己的擁有，挑得起眾生的希望。如何提昇人的品質，建設人間淨土，為眾生創造美好的未來，要把這個責任擔在肩上。其實，在提昇他人的同時，自己也提昇了，建設人間淨土，而自己就在淨土之中，如此以利人來利己，這是很快樂的事！

像嬰兒般重新開始

對於中年出家的人，更要善加體知「放下」的內涵。人到四、五十歲，必有其經驗、歷練、專業的自信甚而是自負。菁英的自負不要緊，要緊的是懂得放下自負。既然出家了，生命已走到另一個境界，要像嬰兒般重新開始，放下過去的地位、成就與心境。

以往的身段、自豪，那是一條習氣的尾巴，必須斬斷。如果帶了這條尾巴投入佛門，進出任何地方，自己會絆倒自己；開門關門之間，自己會夾住自己。絆倒了、夾住了，痛的是自己，所以，得隨時隨地提醒自己，歸零。

當然，腦海中的知識、能力、專業是無法歸零的，歸零的是心態。比如，一位教授出家了，要把教授的心態放下，要把為人師表的崇高放下，因為在他的生命史冊上，屬於教授的這一段時光已經過去了，生命的新頁是——學佛。

菁英出家，或許是赫赫有名的人物，或許是董事長、是系主任、是工程師，然而佛門之中，沒有董事長的位子讓人當，也沒有系主任、工程師、名人的位子，只有出家人的位子讓人當。過去的專業智識，若有因緣能用即用，無用即捨，出家的本務是修行。

至於能力尋常的人出家，也能有所精進，藉由一般作務如灑掃、煮飯、種菜等等，與大眾歡喜結緣，在接引眾生上，同具重要性。歷代祖師大德從搬柴、運水、燒火中修行悟道者，所在多有。

佛門執事無分軒輊，觀照情緒的起伏、心念的上下波動，才是必須隨時面對的修行功課。

不是烏龜，是流水

出家修行，不能老是想著我要什麼、我不要什麼，如果掛著這種心念，苦惱滿懷，即使遠遁深山，也修學難成。雖然沒有世塵干擾，但山林對其只是死寂枯槁，一個沒有生命力的人枯坐山中，就如枯木一樣，沒有智慧，沒有光。哪一天再回到社會，與人群一接觸，照樣煩惱叢生。所以佛法的重點，不是身的出離人群，而是心的出離苦惱，那些堅持的、反對的、追求的種種自我，只要念頭一滅，當下解脫。說難也難，說易也易，而這一定要在人群間實際對應，否則只是假象的解脫。

法鼓山一向傳承農禪家風，著重的就是人間性的生活化育。我想提醒大家，如果把修行當作現實的逃避，或安寧經驗的享受，就猶如烏龜，外面一有任何響動，頭就趕快縮進龜殼裡去。修學中國的禪宗心法，不是烏龜，是流水，遇到阻礙，變個形狀、繞個彎，照樣流過去。水還是水，一如慈悲與智慧，形式不拘，但內質不變、滋潤不變。

我非常希望進入「出家體驗暨僧才養成班」的研學者，都能成為有修行的人，對其個人而言，是消融自我；對社會而言，則入世而化世、潤澤人心。這是我唯一的期許。

——刊於《法鼓》雜誌一五三期

國家圖書館出版品預行編目資料

法鼓道風 / 聖嚴法師著 . -- 初版 . -- 臺北市 :
法鼓文化 , 2020.10
面 ; 公分
ISBN 978-957-598-861-6 (平裝)

1. 佛教說法

225.4 109011042

人間淨土 47

法鼓道風

The Dharma Drum Way

著者 聖嚴法師
出版 法鼓文化

總審訂 釋果毅
總監 釋果賢
總編輯 陳重光
編輯 張翠娟、李書儀
封面設計 化外設計
內頁美編 胡琡珮
地址 臺北市北投區公館路 186 號 5 樓
電話 (02)2893-4646
傳真 (02)2896-0731
網址 http://www.ddc.com.tw
E-mail market@ddc.com.tw
讀者服務專線 (02)2896-1600
初版一刷 2020 年 10 月
建議售價 新臺幣 200 元
郵撥帳號 50013371
戶名 財團法人法鼓山文教基金會 — 法鼓文化
北美經銷處 紐約東初禪寺
Chan Meditation Center (New York, USA)
Tel: (718) 592-6593 Fax: (718) 592-0717

法鼓文化

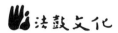